紹興大典

史部

# 雍正山陰縣志

4

中華書局

# 山陰縣志卷第三十三

人物志十一　義行　隱逸

## 義行傳

漢陳囂　囂與紀伯爲鄰伯竊囂藩地以自益囂不較益徙地與之伯慙悔歸所地囂辭不受遂爲大路虞翻嘗稱其德則化盗居則讓鄰感侵退藩遂成義里楊子雲等薦之今讓簷街其故址也

三國邵疇　字温伯爲郡公曹孫皓時太守郭誕以不白妖言被收逡遽無以自明疇進曰疇今在明府

何憂遂詣吏自殺以證之置辭曰疇生長邊陲不閑教道得以門資厠身本郡不能贊揚盛化令妖訛橫興干國亂紀疇以匹夫荷議不忍聞見欲鎮躁歸靜使之自息誕屈其所是黜以見從此之爲愆實由于疇謹不敢逃死惟乞天鑒辭聞誕遂獲免皓嘉疇節義詔郡縣圖形廟堂

南北朝嚴世期性好施同里張邁等三人妻各產子歲饑欲不舉世期分贍其乏三子並得成長同縣俞陽妻莊年九十女蘭七十並老病無所倚世期

贍之二十年死並殯葬宗人嚴弘鄉人潘伯等十五人歲饉孝死世期並爲棺殮撫其孤米元嘉四年詔旌其門復其身蠲稅租十年

晉孔祗字成祖車騎將軍愉之弟也太守阚扎命爲功曹史札既爲沈充所害故人賓吏莫敢近者祗冒刃號哭親行殯禮送喪還義興時人義之

梁郭世通嘗入市貨物誤得一千錢追王還之主以半酬世通世通委而去之會稽太守孟顗察卯舉孝廉不就

宋唐珏字玉潜少孤能力學以明經教授鄉里子弟而養其母至元戊寅浮圖總統楊璉真伽利宋攢宮金玉故爲妖言惑主聽發之珏獨懷痛忿乃貨家貲及行貸得白金若干爲酒食陰召諸少年享于家衆皆驚駭前請曰君召我歆又過禮不審欲何爲雖死不避珏因泣謂之曰爾輩皆宋人吾不忍陵寢之暴露已造石函六刻紀年一字爲號自思陵以下欲隨號收殮之衆皆諾中一人曰此固義事也然今無有知者恐萬一事露禍不測不得

終志奈何珏曰吾已籌之矣要當易以他骨焉衆如珏言夜往收貯遺骸瘞蘭亭山中上種冬青樹爲識作冬青行踵又易宋内爲諸浮圖乃裒陵骨雜馬牛枯骼築塔號鎮南杭人怨恫而不知陵骨之猶存也亡何沐人袁俊爲越治中招珏爲子師間問曰吾聞越有唐姓瘞宋諸陵骨豈君邪坐有指珏者俊大奇之手加額曰先生義士哉豫讓不及也因訊珏以故甚貧俊亟爲買田宅居之有謝翱者文丞相客也與珏友善嘗感珏事爲作冬青

尉引語甚悽苦讀者莫不灑泣焉

元趙孟冶家世業儒尚義行皇慶中捐田三頃爲學田助國家教養又捐田三頃入義廪給鄉人無以婚塟者事聞有詔旌之孟冶子由鍾行義有父風丁未歲大饑設粥于道所活餓莩甚衆由鍾子宜浩以進士起家

明丁能者舟人也嘗夜載衆賈至東關及旦衆散去遺金一囊能艤舟候賈久不至携歸明日將復往婦勸能無往能曰我豈不欲財耶物固有分彼辛

苦詈之而卒然失去悔且喪身吾何安終俟而□之金主感謝欲酬以半堅拒不受

周端字孟端幼失父事母以孝聞嘗推資産與兄弟歲饑輒傾廪施貸鄉里之貧窶者多所匡濟正統間輸粟京師以助國用事聞遣行人廖莊賫勑旌之

高宗漸字叔胥讀書好禮積而能散嘗捐山七十畝爲義塚給櫘以瘞里有舊家之裔盜其牛或以其人告輒隱之不忍汚其先世正統庚申歲大饑

糴他郡米七百斛給饑民全活者甚衆明年歲饑又出私廪助公貸後二年饑亦如之有司上其事獎旌又建勅書樓以表之

黃舜問幽居樂道不以仕進爲念嘉靖年間歲暮至省城下浴堂中拾遺金三百兩携歸寓仍往候之越一日其人號哭至乃富陽縣吏領解藩司所遺者卽全與到寓還之吏感泣欲謝以半力辭不納抵家已正旦矣鄉人高其義至今傳頌之孫吉

賢年十歲家貧卽能孝養父母及長衣食稍充其

凡每加以不堪吉賢怡然鄉黨咸以孝子悌弟稱之他如捐逋負以完人夫婦多賑濟以存活饑民人尤感其德子奎齡舉人文林郎懋齡元齡庠生

周廷澤字舜龍富而好施每歲饑輙捐粟作糜粥以賑或病死則爲義棺義冢以瘞之鄉人有𨸏負其租者携其子鬻于市廷澤聞之遂焚其券又嘗捐金爲錢清石橋凡九洞工費甚鉅至今賴之其後四子禎礽祚禪及其孫浩相繼舉進士致通顯人以爲行義之報祚尤長于文學有周氏集爲詞

家所稱卒祀學宮云

〔蔣弘濟〕工騎射任義俠生平嘗破產救全親戚時涿鹿閒水田之人歷晝山陰令徐貞明薦蒙特用爲募農司佃者雲集故不費官錢而水田告成神宗間關白入寇上命將軍戚繼光討之詞臣孫爌薦弘濟隨征以日暮抵高麗界軍中方設宴與土司逆款請銜枚襲之馳城下囊上而土賊大潰時軍中筵未散也捷聞上親御門召見行賞賚嗣爲同列所累罷歸行李蕭然避雪路舍聞哭聲甚哀

詢之乃以債而鬻妻者脫所乘馬併裘帽爲之代償其扶危濟困如此

張燿芳爲諸生時有文名偶一僕開本塲于柯市以放利招怨燿芳訪其欠戶富者蠲其本半貧者盡燒其劵共計一千五百兩有奇後以副榜貢爲魯府右長史時嘉祥令趙二儀死欠庫銀一千八百兩一邑騷然撫軍沈洵以燿芳署縣事抵縣見趙令妻子羈廣柳車中哭泣燿芳出己橐代償復以百金贈之邑令爲立捐金碑獄有死囚七案悉

爲平反申按察司特減二人死屢請不已或止之耀芳曰地獄不空何以成佛其慈祥愷悌其傳之

張景華舉明經特病篤囑妻董氏曰吾逝矣身爲大廷尉之子配汝尚寶卿之女無他憾惟未列科甲不瞑目後以義行成吾志足矣尋卒氏婺居樂善修齋貧者捨棺掩骼購山爲義塚及修圯路頹梁粥濟獄囚爲楊元代償逋贖其妻焚周秀券歸其女明崇禎庚辰歲饑亟同子陛鬻田二頃糴米五百石賑濟全活者以萬計著有濟言十則賑法

甚良劉宗周王業浩王思任爲之序倪元璐有贈聯曰分人以財由巳溺饑笑懷清女師千倉自衛從親之令與爾隣里勝麥舟父子一士私沾又各長吏旌以扁額兩院疏題建坊旌曰孝義流芳順治二年子陛以中翰改鎮江司理氏見其寬刑則喜獄成則慼且捐金贖被俘婦二十六人及陛以賛畫在軍保全金壇一邑生靈不罹鋒鏑蓋遵庭訓如此

朱烱生而慷慨不負然諾有稱貸不能償者取券

焚之宗族有不能婚者與娶不能喪者與葬崇禎辛巳歲凶賑饑賴以存活者衆邑長吏申其事給冠帶并旌其門歷鄉飲者三以壽終

倪復號七來幼事寡母曲盡其孝長入成均以恩授錦衣衛經歷居家分貲以贍病兄給田以撫猶子捨棺掩骼惠及行路崇禎十四年奇荒米斗三百錢至賑濟饑民二百餘石府縣皆給扁以旌曰博濟可風

王光美號南阜貢選未仕家居尚孝友樂施捨墓

范文正公之爲人嘗捐腴產二百畝爲義田以贍族人二子亦克成其志卒後人咸稱爲南阜先生焉

孫文煥號振東妻陳氏賢而蚤亡久鰥誓不再娶及疾革出父母之巾笄置棺中曰吾雖死見巾如見父見笄如見母也其孝思如此先是崇禎十四年大饑文煥鬻產以賑全活者甚衆明末賊亂婦女逃匿山谷中分途設粥以濟其平日好施樂善至老不倦天樂鄉民至今稱頌之

沈懋簡世有令德志懷利濟當崇禎戊辰年七月廿三日海嘯居民淹沒者浮屍蔽江特募僧道掩埋以數千計歲甲申郡大饑又創義賑濟全活者甚衆冬月煮粥以餉獄囚春秋封土以培荒塚凡夫婦離異者必爲之完聚尤加惠親族鄉黨樂善好施終身不倦邑中高其義焉

單一貫號五芝博覽羣書有名諸生間崇禎時大饑與倪鴻寶創一命浮屠捐全活千餘人又出粟百五十石炊糜以賑戊子歲疫癘大作罄貲延醫捨藥療救者又無算以壽終五子遊庠食餼者二

姚遠號鳴皋家不甚富性好施爲貧人贖妻者三贖女者一俱得完配崇禎庚辰辛巳連歲大饑乃捐貲賑貸遍行鄉里絶不令人知有饑戶某妻係温飽至歉年竟至絶炊寄遺銀米不受且大怒曰吾雖貧豈受人粟耶登門面叱人始知賑恤之多也又迴行城郭間見有暴骸輒爲埋之捨棺脩路歲無間斷

王望臣字欽懷忠臣淵之後也篤學多善行年二十喪妻朱氏誓不續娶不納婢時稱眞義夫

明金志字允立號鑑濱嘉靖戊戌進士任淮安府推官平允咸服山陽有婦人以前官故入死獄志察其枉爲之求生是夜夢甲士持刀訴寃即白諸監司而釋之人稱神明適兩淮荒歉撫按命志賑濟動支公帑八千餘金毫無所私全活者幾萬口秩滿徵拜南京江西道御史激濁揚清出守惠州惠爲嶺南僻郡民俗頑梗志意在撫綏不易清操一槩羨餘俱爲除革東莞巨賊黃彥通羅仕英等糾衆剽掠屯聚羅浮山出擾博羅官軍駐山下彌月

不敢前志親往曉諭兵不血刃賊遂散去在任五
年以勞瘁卒於官署東人思之崇祀名宦陞貴州
都清兵備副使不及赴任年五十有八配陳氏勅
封孺人孝慈勤儉與志同塟於木客山之原曾孫
文光行誼表著爲宗黨所推服

金椿字明卿號竹崖嘉靖乙酉舉人丙戌進士授
工部營繕司主事轉永州通判澧州南康同知所
至皆有能聲内擢刑部員外郎欽恤得情出任瓊
州知府苞苴絶迹子應暘字雙泉庠生嘉靖三十

四倭寇煽亂東浙自諸曁入山陰居民俱罹其禍總制胡宗憲僉事李如桂王詢知應暘有經濟才延爲贊畫與倭賊戰於五婆嶺自辰至巳應暘手刃數賊衆寡不敵遂歿於陣奉旨贈州同知建祠東光坊額曰襃忠義烈特爲立像春秋皆有祀典膺一子守祠幼子應宿字龍泉庠生早卒媳徐氏年甫二十一孝事孀姑守節不貳撫育遺孤文鳴壽至六十有六奉旨旌獎曾孫家麟字魯徵天啓甲子恩貢歷任威州知州署彰義府篆順治五年

賊張献忠寇亂四川家麟慷慨不屈死之元孫世
瓏克承先業咸謂忠節萃於一門子孫食報自宜
永諸奕世云
胡煥猷字共皇太學生嘉靖丁未進士通政使朝
臣嫡姪萬曆壬午舉人通判大臣予也崇禎戊寅
登極魏忠賢伏罪即直言上疏叅免閣臣四人特
糾撫臣等十四人題薦韓爌劉宗周文震孟沈惟
炳等十二人俱依奏黜陟咨取錄用辭不受職嫡
姪孫士章曾姪孫廷贊俱列庠序以孝著于時廷

贅係庠生嶽之子年十二母周氏病篤刲股投劑母病遂痊當事俱給匾以旌之

陸偉字望雲放翁十五世孫質性端介事母孝節朱孺人最孝生平好施與于貧不能存者往往慨然周急絶無吝嗇意世稱耆儒禮部賜冠帶崇禎甲申年卒時七十有八人推爲典型云

陳鶴鳴字子孚萬曆巳卯舉人任興寧令剿賊張三聚衆三山洞鶴鳴偵其不意擒之因秉公忤當事謫池陽教授御史重其品望薦至大理府司李

是時沐昌祉倚鎮守勳衛估庠生孫益俊妻殺俊而臧其屍問官無敢決者鶴鳴按實正法數昌祉于杖下立生祠以祀之後因赴調行李蕭瑟各相贐以金鶴鳴笑曰爲官清貧常耳今納之是致纍于末路也不受而去

馬維璧號芝岑叅議芝嶠維陞弟也少有幹濟才崇禎甲戌以貢監授河南布政司理問藩伯陸之祺倚任之逆闖李自成率賊衆十萬圍汴維璧守北門郭外男婦數千人擁門求入守者慮雜奸宄

不許皆望城號慟維整請于之祺從壯士數輩啓門納之親加簡閱盡入無遺者之祺喜曰活千人者後必封君家其昌乎將以邊才薦于朝會維整丁父艱歸未及補官而卒年五十有四子允琬庠生

朱壽宜字壺巖庠生少師燮元次子明敏練達運筆敷翰灑灑數千言立就以廕授錦衣衛指揮使掌南鎮撫司釐奸剔弊紀法肅然甲申闖逆之變杜門不出慷慨涕泣形諸詩章有君德無慚稱舜

禹臣必未必盡夔卨之句遂悒悒而卒子用礪國
史院掌典籍廳誥勅撰文中書舍人遇
覃恩追贈如子官癸未進士金廷韶爲之
劉裁字汝成號念覺别號臥山齠齡遊庠郎冠軍
食餼萬曆丙午廷試銓部侍郎楊士喬閱卷亟稱
循學授以優缺任無爲州同知潔清自矢陋規盡
革寒士張克家裁目爲奇材拔置第一次年果入
泮聯飛時值久旱偕知州步禱甘霖立沛甲寅旱
荒悉捐俸資出示斗米官給五錢越旬米價平餓

莩得蘇民立碑致頌適江中嘯聚渠魁周飛雄等刦掠殘殺裁兼理江防親督練兵盡生擒之御史趙公首列薦剡部議詢賢否于銓司楊光儀光儀曾令仁和受詈于劉宗周宗周裁從姪也夙恨未洩欲左轉裁時楊士喬任吏部尚書云不准首薦已屈此官何得左轉故淹淹終任不獲內陞乙卯冬疾作歸里勤于著述彙成古文輯萃五經攬要綱鑑會編諸書兩赴賓興大典萬曆戊子春卒葬于壁尖其子若孫皆一時譽髦登仕籍者多人而

陞臣食餼邑庠尤知名于時
倪文道字紹袖太學生孝友敦睦任化州同知清愼律身因病歸歲饑廣爲設賑其死而無歸者必措棺以瘞之一日輸課入城見有鬻其妻者號泣道路卽罄輸課之資以代償時邑西螺山大江波濤險惡以舟爲渡每當風雨往往覆舟文道謂必得建橋方免濡溺卽竭蹶鬻產妻楊氏盡捐珮服所費數千金至太平阮社諸橋亦爲修建當事延請鄉飲子尚忠任中書尚鵬邑庠生皆有令德

錢以敬字德輿貢生大學士文貞公象坤姪也賦性至孝刲股以愈親疾授雲南府通判署新興州篆土寇猖獗攻城州無守兵咸欲棄去以敬命勇士劫其營賊懼請降阿迷土知州普明聲桀傲難制喻其利害遂頫首聽命擢建昌府同知舊例漕船出自軍衛以敬分第軍戶之貲爲九等使數十家團造一舟著爲十甲每歲一役辦弁盡胥無所肆其貪虐軍民大悅共肖像以祠之及歸里念三江閘民命攸關歲久頊圮躬蒞其事禱于海神潮

水不至宮論余煌記中載之甚詳又創議修城捐甫竣事許逆難作民得恃以無恐至捐廪賑饑建祠奉先善事不可勝紀甥劉治臣兆熊遊庠克稱宅相云

劉三達字又孟少以穎異聞宗族奇之長而善飲毎宴會放歌一吸數斗建別業于龍山之麓暮夜有一婦誘之以私三達卓然自持遂越竇歸屢艱于試輙瞿然曰吾輩豈能雌伏牖下乎爰赴部以儒士任東流縣佐不徇私情因直忤歸里後赴武

試授守備劉累官參將享年七十有八

何國輔字紹寧高祖詔任南京工部尚書父繼高江西參政所至祀官歿食鄉社焉國輔隨父宦遊偕焦漪園鄒南皐講學定林登天啓丁卯賢書與劉宗周主證人社著有理學正宗性純孝居喪哀毀踰節姊子羅元賓以繡衣按閩乞國輔教曰竊訪病民而利奸宜反坐訪案宜速讞久之則無辜而斃人讞成自有應得之律卽酷責可無庸勿云憲體固爾彼亦人子也徵創進褒美羅元賓元賓

歸而語人曰此身父陰行德也公車入都諫議姜琛以勢權要下獄國輔子天寵出其身質書門委曲營救甚力或誡以禍且不測國輔毅然曰禍固可避乎見無爲知已羞生平好施予極急難至今人思盛德祀鄉賢祠子天寵成康熙丁未進士實仁領鄉薦循謹有父風世稱何氏家法者比之萬石君焉

王錫德字心抑別號宛委生有異兆屢就童子試不遇至燕館於[illegible][illegible]戎家遂習騎射登萬曆庚戌

武進士歷任廣東總鎮坐營都司時瓊崖黎岐叛揚德用間出奇直抵五指山下黎懼而乞降陞狼山副總兵犄禦范公隄以防海潮遇覃恩封贈三代加其官及鎮守廣西定土司之亂退交阯之兵因軍功擢南京後軍都督府僉書值流寇犯江浦璧夜嚴防賊畏備遠遁奉旨加署都督同知適歲饑米貴各典舖因錢賤譁增數千人蜂擁鬨聚幾成大變揚德曲爲曉諭遂至解散江北積盜因南都旱蝗饑荒遂搆遑不逞之徒過江劫掠揚

德嚴督官軍擒獲渠魁都城安堵崇禎十四年解組還里優游泉石者二十載享年八十有四子元昭貢舉元曉庠生孫裒襄裒俱入黌序裒妻祁氏庚辰進士熊佳女有賢德善吟咏文行兼擅閨秀宗之曾孫廷屏列名膠庠恪承先業爲士林所推重云

皇清王士璘字夏卿少孤事母以孝聞因母持齋終身不茹葷酒弟重光由毘陵郡守歷任至秦臬及任順天撫軍毋有讞牘必代爲按卷察情施以寛厚

重光廉明日著士璘之隱德實多也秉性仁慈嘗貸錢以埋白骨兼好施與遇有饑寒疾疫即備衣粟藥餌以濟鄉人藉其全活者甚衆同里有之閩任而無資托人求貸或曰如爾舊逋未完何士璘聞曰彼已過限無措我不周之其誰周焉竟貸之並不責其償鄉黨咸服其爲長厚君子焉

朱之垣字赤城郡庠生天性孝友嘗遊學至京兄從事秋曹一夕閱成案急語兄曰此獄可出弗可輕殺不辜兄悟白當事具疏請釋凡活數十人事

後母以孝聞母嘗罄貲嫁妹毫無慍容未幾妹疾篤出金釵一枝泣曰留此爲後念陽納之遂還其家曰此汝家物也吾何需焉長子啓隆由功貢任金州州同歷遷滇南鹽課提舉每之任必戒曰愼勿以秩微而懈于政家貧而漁于貨也終身無二色賓朋讌集過挾歌奴輒托故不赴屢舉鄉賓園在任所不及赴享年八十有九

張培字伯凝宫諭文恭公元忭曾孫也生而岐嶷穎異喜讀陰符韜畧諸書過輒成誦幼從大父侍

御芝亭公宦遊四方得徧交天下名士性慷慨樂施予遇人患難揮千金無難色歸奉二人承歡無忤昆弟間推梨讓棗藹如也素負大畧思見用于世鬱鬱不得志遂築室賀監湖畔聚書萬卷自娛爲課子計繼配楊氏克相中饋舉案若賓姑病刲股祝天和藥以進遂獲痊宗黨稱其孝國學生張錕有聲藝林人咸以爲天之報施善人不于其身于其子云

史宗成字青史慷慨尚義有才畧家貧不能延師

自奮讀書淹貫經籍凡有所著輒下筆立就游歷幾徧寰區足跡所至各有表見名播京都賢士大夫樂與之交同堂弟梓任山西靈丘守將遭姜逆之亂爲仇人所誣繫刑部獄垂置重典宗成揮下全力救護免更爲其同寅徐姓之母捐貲贖還贈衣裝遣僕送歸山東兄大仁遺一子秉直因詿誤亦陷獄中同事者二十四姓皆將擬辟且與大獄波及百餘輩宗成奮身不顧傾產以救俱獲再生數歲秉直卒姪婦徐氏舉遺腹子宗成喜曰吾兄

其有後矣立魄五十金以供產母之費焉嘗以百餘金置二妾皆有技色憐其流離悉訪其家厚給遣歸匹配是時名公鉅卿交章薦　郡推以叅游擢用堅辭旋里將所蓄盡散宗族親　黨自甘儉朴遨遊山水晚年得疾繼配姜氏刲股　以療秘而不言子紹魯有文名能世其德康熙丁　巳孝廉

林鼎新字子凝號雪崖邑庠生少貧　力學取予不苟然諾無欺遇有不平事力爲解紛　親友甚器重之及壯遊學在外得館穀數千金悉　爲施捨康熙

甲寅土寇圍城發粟賑濟適有鄉民數十餘輩被圍在城無倚鼎新即留養于家全其生命時兵寇之後人民被掠乃捐貲贖回難民百餘口且捨田于府獄及擊竹菴以爲囚糧埋骨之費暮年善心彌篤易簀時囑其子日蔚曰爲人須當隨地行好事不可愛財所有鑑湖庄房可改爲宗鏡禪林兼撥前後稔田三十畝以供僧膳日蔚好義樂善恪遵父命建造之費約三千金遂爲一時名刹云

吳三壽字鳳橋樂善好施焚券恤貧時聚集鄉里

教以孝友姻睦遂皆化于善縉紳當事聞其賢無不樂與交游而往往隱避不見抱甕灌園有古高士之風焉與鄉飲享年九十無疾而逝塟于西山燕巢之麓族本舟山徙居陡亹鳳村夏郡守湯邑侯俱給匾以旌之妻傅氏有賢行子孫濟濟蜚譽一時

周方蘇字君謨梅花山人性至孝偶因事外出父病作聞之疾馳連晝夜時當六月酷暑汗徹於頂及釋冠而髻脫遇兄弟產巳鬻者贖之歸仍推讓

有所逋負累數千金代償之族姪黃門洪謨以劾魏璫被譴攜眷數人貿貿無投止方蘇獨埽室留之後黃門諸子語人輒垂涕曰斯時狼狽極矣公依依欵留切情同患視張範謝幾卿誼有加焉生平明膽過人涉險逾壯歷仕燕齊吳楚定變寧民著有聲績家居歲歉籍饑人口治粥施賑或給以米欵無域者出山地一片瘞之祖廷澤嘗捐造錢清石橋久而將圮居人患之方蘇曰此吾爲孫元者事罄貲新之教家一以忠孝接人以和田夫牧

竪相對輙流連不去卒之後郡人高其風義崇祀

鄉賢

朱兆憲字叔起少師燮元第三子俊偉倜儻工文章蚤即遊庠燮元督黔兆憲毎歲一省往還萬里經由半燮元所轄兆憲詳審愼重周勅下人未嘗敢以私通燮元知而歎美之崇禎戊寅春燮元卒于黔署中悉兆憲主其事燮元鎮黔十載凡公費贖鍰未嘗入黔在黔庫者積八十餘萬兩兆憲體遺意以籍付藩臬諸司甲申闖變遂杜門郄掃種

花畜魚詩酒自娛尤精方診喜爲人治病自費藥餌數百金給之生平忠孝成性爲善不倦恒好吟咏以見志年五十九子用調綽有父風孫七人遊庠者四世衍尤爲兆憲所鍾愛學憲程公按越世衍五經七藝冠軍邑庠每試輒高等郎食餼人咸謂兆憲之食報繩繩蓋未艾也

〔戴治〕字星池妻滕氏結褵三載生一子天德氏卽卒治矢志不娶或勸之曰子青年甫鰥何弗覓偶否則可置側室治曰吾已有子矣吾聞鳥爲禽鳥

猶知夫婦義吾人也吾可不如遂終身弗再續教養其子及長即爲擇配天德克遵庭訓孫四人泰徵尤知名於世媳謝氏李氏及長孫女俱早歲守貞當事旌其門曰節義流芳曾孫超篤于孝思童年欻刲股救親登康熙戊午孝廉

王應魁性孝友樂施與每捨棺掩骼無算昆季三人里中稱爲惠連年九十五歲按院王公旌其善行

胡鶴翥字翀之順治戊子舉人任揭陽令邑故濱

海會奉文斥地居民數萬家咸苦播遷扶老攜幼號泣請命鶴翥聽請大吏稍展界限弗允繼以涕泣因如其請哀鴻息嗷迄今尸祝適安揷投誠以數千計城中岌岌弗自安鶴翥陰與渠帥得其歡心因嚴束士卒不敢爲民間患境內貼服蒞任未及一載撫院盧公特疏致薦陞工部都水司主事奉差南河相視要害清水潭茶亭決口翟家壩諸堰皆爲鳩工堵塞乃忽以疾卒年五十有八孫紹武克承世業長孫女幼以孝著適庠生聞人樫

張陛字登子文恭公元忭曾孫生而穎異孝友性成年十四冠軍入泮隨即食餼援例遊南雍崇禎庚辰越大饑斗米四錢陛請于母董氏鬻所分田百畝及妻胡氏奩貲糴米千餘石活民萬四千餘人撫軍黃公廉其實以聞于朝敕賜建坊曰孝義流芳考授內閣撰文中書尋兼翰林院侍書遇覃恩考妣獲叨贈典順治乙酉補鎮江司李適金沙湖寇跳梁大將軍欲發兵屠城陛于烈日之下跪求竟日再四哀請得允遂單騎至縣悉焚從賊文

卌戊子母病告歸辛卯抵粵東適四會之篆撫軍
瑞吾李公令陞視事經年復調博羅兩邑巖疆治
繁理劇無不得宜康熙甲寅閩變隨征入閩丙辰
冬擢延平府同知撫綏樵川餘孽遂署邵武府事
贖回男婦收瘞暴骸招徠賊巢悉解甲投降敘功
加十三級適沙邑乏令陞代爲董理詳免虛茁清
俛脩橋未及三月而卒于官署崇祀名宦年六十
有二陞篤志篇章手不釋卷凡涉名山大川遊覽
所及必爲記咏詞傳以誌感遇所著有百名家選

行世至其賦性慷慨洽於親誼周急濟乏暇則與故舊友朋陶情詩酒四方賓客結交投契者無虛日各得其歡以去子六人錆亦以隨征敘功加級授縣令友愛諸弟不計家產閩督姚啓聖知錆有幹濟才囑偕三江閘西江塘勤慎不渝衆共賢之鑄有文名蚤卒鑽鍨鎬鍊列名成均恪守世業孫江淮河漢俱克承家學淮孫鑄子配吳氏會稽司訓觀岳公煇女夙嫻四德事姑王氏承順無間遠近共推其孝行云

俞一理字仲繩任博野主簿民有逋租不能償者將鬻妻子代爲之償獄囚十人因無糧餓且死乃捐俸每人給以月米三斗攝令八閱月而大治遷宣府右衞經歷所掌馬稅痛絕乾沒歲溢額千餘緡年八十歲以子有章貴

誥贈奉政大夫孫揚賢庠生考授州同

陳景新字泰熙萬曆丙午舉人舜仁孫也舜仁任九江府通判清廉素著景新年甫弱冠銳志經史因清白相貽宦橐蕭然遂耑心經濟悉取兵刑禮

築河渠錢榷農政諸書細爲攷究赴山左中丞張英寰幕中值天下甫定萑苻盜弄惟一意撫綏悉宥餘黨及赴山右臬司任所適姜瓖煽亂止太原孤城不下晝策堅守盡爲恢復是時文武官吏脇從勘問纍纍就道曲爲開釋悉置輕典全活甚衆及往廣東盧總督因地震代爲陳言其最大者莫如陞任提鎮禁擕官兵一疏蓋水師提督之任粵東多擕任中兵馬止云自經選練隨至三千餘人其下相率效尤地方騷擾供億不可勝計即報可

嚴爲禁止母倪氏年髦景新孝養無逮遇同人緩
急解囊千金曾無吝色年六十有七子曰謨任肥
城尉潔己愛人咸頌其惠曰哲食餼邑庠順治丁
酉科副榜有文名
鍾萬傑字九如號南學別號潛菴郡庠生淹通經
史生平樂行善事每見橋梁傾頹廟宇圮壞必專
力捐脩崇礩十二年饑荒洊臻萬傑貿穀施賑全
活殆數千人鄉里中有貧歿無殮者悉取辦周給
至於救厄濟困扶危拯災毫無吝色溫厚和平橫

逆不校一時稱爲有道君子屢試棘闈弗獲一第
好善愈篤晚而集宗人校定祀典立法周詳睦族
敦禮始終勿替因次子國義貴累贈奉直大夫國
義成順治戊戌進士任萊蕪令清廉爲政擢兵部
武選司主事康熙己酉典試八閩克公克明所拔
皆單寒知名之士翕然稱爲得人權稅南津督理
南莊通商惠民咸頌其德至長幼諸嗣皆有令聞
孫枝繩繩衣冠奕奕次孫芝豫貢生授靖安令脩
承祖父之訓清白自矢循良之頌冠于豫章人以

爲萬傑積德累仁所致是益有其不爽者
沈懋庸字季平六合令珀之季子賦性誠孝甫十
歲值母疾華哀毀骨立儼如成人弱冠補諸生讀
書務舉大義不沿沾章句之末旋入城均有聲上
林爲宗伯芳遂元倩逢元勸之仕懋庸辭曰吾志
不在軒冕砥躬脩德以貽後人足矣親族中貧乏
不克婚葬者有負逋將鬻妻者悉委曲以恤之崇
禎辛巳郡大饑鬻產賑濟存活甚衆時疫癘頻仍
施捨醫藥棺櫬無德色居恆教子唯以崇品行敦

實學爲第一義子亂范康熙丁未進士以
覃恩贈如其官次子華范郡庠生有文望士林推服
孫五奎康熙辛酉舉人

王應鴻字天逵家呂山之南以仁讓化一鄉遇兄弟推友愛邑人名其堂曰鄂韡不妄交接遇嘉士延至子舍相與論古今人物賢否稽疑質惑雖浹旬累月無怠容愛讀書自少至老不倦課子弟耕讀有恒度昔方遜志先生稱同邑徐山南爲鄉邦所欽式應鴻實似之與陸曾華秦弘祐錢經世尤

領郡經世居南城弘祐家亭山時時往來講求不輟會畢輒移家就之會畢多病應鴻精丹溪河間學親爲調藥會畢嘗曰吾夫婦一門皆天逵活也乏則傾廩粟遺之沒則賻之子三傑規復邑山社倉義聲甚著

胡世樞字君環號機石初授山西陵川丞招集流亡校覈圖籍卓有能聲攝高平陵川二邑篆張弛得宜寬猛互濟兩邑民咸尸祝之及晉撫兵馬使力持大體發奸摘伏赫然輦下繼以子少宰兆龍

貫

誥封資政大夫禮部右侍郎文淵閣學士引疾乞休返梓山陰脩洛社耆英之會周宗戚賑貧乏掩棄骼活罪囚以迄育嬰放生種種善果次第舉行歷久靡懈所全活者不可勝紀晚年尤潛心內典務窮禪悅顏其齋曰學閒更其號曰志菴超然有遺世之思焉兩赴鄉飲年六十有三崇祀鄉賢次子兆麟兆鳳俱蚤登賢書文章孝友士林共推孫介祉由部曹歷任山東糧憲有廉名清白相衍克繩

祖德是不能不推貽謀之有自云

吳錫祉字千柜庠生雲翔子生而岐嶷制行端方十歲能文稍長博覽經史事父母極其孝敬遇有疾衣不解帶藥必親嘗乃艱於進取屢試不售謂同懷弟錫鳳曰家貧親老不若糊口于外得所潤澤以供菽水歡遂往粤西撫軍傅弘烈題授梧城縣占皆鎮鹽務巡司因馬承蔭復叛錫祉帶印潛逃步行七百餘里不甘從逆遂負病以卒妻金氏庠生弘禕女性秉至孝事姑鄭氏色養無間好吟

咏工丹青聞錫祉卒遂號慟欲自盡因子承勳年甫八歲勉進飲食然終以悒鬱不數載而歿氏所哭錫祉詩十章及祭文備極悲傷悽愴之致人誦其辭俱爲流涕錫鳳庠生亦有哭錫祉詩二十四章讀者哀之

余國瑞字涵赤邑庠生篤於孝友立心仁恕操行端方甫十餘歲母氏遭劇疾祈禱籲代及母享年八旬卒國瑞齋戒三載寒暑無少間弟三人皆全其婚娶給以產業毋渝長子應熊以謙和謹厚時

延張應鰲講學里中命次子應華歌詩習禮且戒
從子應霖應雲應銓曰制行不可作第二等人落
筆不可作第二等文迨應霖癸丑成進士教以杜
浮交絕私援生平好施予捐義田勒石永賑爲鄉
邑倡遇有鬻女者必贖之貧老無依者必膳給之
越塘自西郭屆西陵延袤百里水旱爲災國瑞於
康熙甲辰捐金二百兩鬻田四十畝盡瘁攄誠越
八年而始竣己酉冬命僧人分築塘棲孔道并得
神助有修塘彙志梓行特建高遷禪院爲永遠修

塘計於柯鎮公買珠字號蕩十二畝奉憲作放生池釘椿永護偕紳耆徐化龍薛元勳等每月十六日聚會行濟人利物諸善事邑侯范公其鑄給示定界永禁捕捉凡勸善文辭悉繇至性年巳及耄尤喜作文所著畏菴文集行于世癸亥仲夏卒年七十有五自少至老誠於爲善尤爲近今所罕覯者也

余立政字華南事親先意承志以孝聞於宗黨好行善德賑貧乏給棺櫬子維字爾章繼志立事茹

齋放生博施溥濟始終罔間年踰古稀而志益堅
無論黃童白叟莫不目爲仁人長者然絶無德色
唯陰行其善而已長孫泰徵字子開髫年補博士
弟子員康熙癸卯拔貢遷州同次孫泰來字子閎
博覽羣書以能文見稱於世丁巳壬戌兩魁鄉會
榜授庶吉士曾孫汝礪十歲能文即入郡庠冲齡
英妙益知積德所致足以克昌厥後者也
柴世盛字襄明別號無相道人父乾庠生母丁氏
生世盛六日而殁賴叔母張氏撫育少習儒由太

學生授河間縣丞署阜城篆練飭兵輿屯務不煩
科派民感其德陞河間令旋擢天津屯田推官値
闖變掛冠而歸順治四年奔兄喪入都寓夕照寺
創義塚埋暴露同中翰范思敬鑿放生池見遺孩
甚衆與封翁胡拱樞商于寺東募造乳房百間僱
乳婦以收養之康熙七年春久而乳房傾倒世盛
慮孳嬰失所書血疏置懷欲身投玉河以身後事
哭托其戚貢士虞相柏曰坐視大善入于坎必膺
天怒即告督捕虞二球男氏眷金延其傾囊助五

百金買寺西基地改築堅固相又致字于其父𢡟
道鬻產亦助金五百更爲設募重造乳房百間并
建義學藥室復貸侍衛梁公鼎于金進士張國勲
二千金造寄棺房數十間增建火德廟左右住房
以廣積米薪適相危疾日垂瞑者三晝夜盛世借
壽疏以祈天日相必不死死則無以爲好善勸越
三日相果甦備述所見輪廻諸苦世盛益知善惡
報應毫髮無爽見相愈切敬信于是爲善更篤名
徹達邇捨本籍戸田二百七十畝入稽山義戸

太皇太后歲賜銀米內閣馮公溥特爲世盛募造萬柳堂鑿池築堤稱長安名勝遊覽者絡繹勿絕俾乳婦之夫若子皆有恒業且收市屋租以供贍養之費蘇揚吳越諸郡聞風慕義俱創育嬰善會一遵世盛規約相知世盛樂善好施身無餘蓄不忍使其子孫盡失祖業與其樞共議撥還供祀田七十畝相又贈應遠二百五十金爲贅殯計世盛享年七十有五塟于婁宮蘭亭山子應遠浙閩督標守備孫育孝育德俱教授繼子應辰順治甲午舉

人任平陸令應速康熙丙午舉人滄州學正皆能
恪遵嚴命克廣其仁孝者
劉匡之字繼來邑庠生好讀書幼時倪元璐王思
任洎華亭司李倪百屏各以文學起東南匡之結
縞帶以相從聲譽籍籍嘗曰吾人欲爲當世大儒
凡事關天地功在聖賢者當有我不及爲誰復能
爲之念古人志不在溫飽吾嘗愧焉於是捐金千
餘修葺山陰聖學自殿閣宫墻暨東廡戟門亭院
庀材鳩工雕飾丹堊日有稽月有考朞年落成郡

刺史縣令搢紳先生至諸士子登文廟者莫不推
匡之之功至於錢塘學夏王廟皆爲增脩煥然改
觀又結大善會月輸銀錢設義塚以安旅土至于
御官塘償遺錢拾孩贖命完全骨肉所著善事不
可勝紀匡之年四十二舉子世蕩世蕩援例入國
雍能恪守父訓積善好義復以醇厚見稱于時
鄭國楨字子瑞康熙十三年山寇竊發捐貲養練
兵挺身奮勇先登破賊部堂達公擢用守備十四
年隨征金華羣盜突圍陣沒妻金氏庠生楷女對

天哭泣誓欲身殉母沈氏多方慰之因子日倘年
幼勉其撫孤以守節云

〔余亂鵾〕字闇若任錦衣衛指揮使樂善好施遇人
貧乏之輙解囊相贈不惜千金毫無德色至其賦性
慷慨最喜排難解紛凡有睚眦之怨片言氷釋越
人咸高其義副室陳氏素嫺敬戒值亂鵾疾刲股
祈禱終至不藥卒之日氏號慟哀毁秉貞守節動
必以禮撫孤嗣宜鞠育教誨得以列名黌庠媳李
氏有孝行癸未進士安世女

王士驥字千里號蘭皋順治丙戌進士特授庶常改侍御史慷慨陳言有鯁直聲督理兩淮鹽課釐奸剔弊通商恤竈俱有惠政于常額外復解羨餘十四萬以克兵餉

世祖章皇帝嘉其清廉盡職復有兩淮之命士驥終不畏其操適當事有所囑托不徇所部飛章糾叅立置之法而中傷之禍起矣然無復繫戀解組旋里嘯咏自得無心仕宦者幾二十餘年值閩氛未靖督師知士驥深于謀畧欲具疏授以旌節而終

勿能强其所志配周氏贊勤內政蚕宰士驥誓不
再娶子十人永俟陽山令有惠政永俶蘭谿訓導
建學課士爲一時司鐸之最永佺候選學正孫三
人俱以文名于世

童欽承字在公順治己丑進士爲諸生時館于其
家暮夜有美婦來求寢欽承正色拒之詰旦托以
他事而歸然終身不言其姓氏及莅祁陽令時楚
氛未靖土寇竄于巖洞肆行刼掠經畧洪承疇欲
盡殲之欽承號泣請命得免卽單騎諭以禍福寇

遂隆歷任兵部武選司主事長女性至孝年十三從父宦署聞姑馬氏訃縞素三年及笄適戊戌進士金煜隨煜之任郯城煜因地方衝疲遂致詿誤氏先行歸里悉舉奩產簪珥之屬轉鬻仍自攜至郯以償急需康熙辛酉卒生二子埴邑庠生埰年甫冲齡能嫺誦讀

俞璧字二如崇禎癸未進士授黟縣令政績優裕題調宣城值萑苻告警晝夜捍禦完城後遷彰德府推官妻傅氏繼室吳氏俱克相夫以成名者

姚萬全字嵩嶽聰穎過人勤學博覽十歲能文以數奇易舉子業爲曲周丞奉太守命造廣平外城不數月告竣開濬城濠遍栽蒲藕太守器之時文廟傾頹待修估費者踰千金太守日以丞之才董其事費應不至是遂以百金經始萬全于是相其因革課其工程不兩月請太守落成且以餘貲復命太守益賢之時白蓮教黨與方巘連綿山左直隸往往混雜里巷官府捕不能得萬全遣善間者入其隊中久之俱有暗識無不就擒賊遂驚遁撫

按上其功陞南昌衛幕萬全辭不赴解組歸田有粟里輞川之樂子明俊國助俱邑庠生明時崇禎庚午孝廉長孫夔順治甲午舉人明俊性尤至孝萬全得危疾與妻鄭氏親侍湯藥衣不解帶者三閱月氏復焚香夜禱割股以進疾遂愈夔其長子司鐸開化校士課文無媿表率

陸天祐字維德任豐縣尉居官勤幹視民如子寒施衣爲粥給囹圄城外廣設義塚三年有政績民多德之以艱去任服闋補西寧十餘年復補樂昌

所在俱有政聲妻王氏蚤亡終身不娶康熙壬戌秋卒年六十六歲

王大道字麟齋儒士右軍四十二代孫也秉性端方存心仁厚卓然有古君子風子庠生慶元纘承父志生平慷慨俠烈磊落不凡動以古人自期閭里有貧窶者即解橐相贈康熙甲寅土寇煽亂鄉村被其蹂躪悉遭焚劫竟無噍類慶元挺身冒險招撫諭以禍福賊遂傾心歸誠悉爲解甲而越郡之得以安堵無恙者皆其力也部堂達公撫軍陳

公上其事於
朝題授守備事嫡母鄭氏生母陳氏俱極孝養絕無間言家庭之內敦睦成風雍如也孫熹幼即穎異敦行力學食餼邑庠士林重之次孫燧太學生

包燦字紫含質性淳厚砥志力學少年即補博士弟子員名噪雞壇士無論遠近把臂交歡生平未嘗見疾言遽色於宗黨親友間有貧乏者輒捐助弗吝七試棘闈不得志喜作蘭竹石筆意蕭疎有逸致康熙壬子歲卒年四十有七人多惜之

胡朋憲字澄宇宋安定公裔幼穎達讀書有大志事親至孝與兄弟不析爨者數世敬寡嫂撫幼姪周族黨濟親舊鄉里負逋數千金悉焚其券生平以范文正爲願學居京邸營千金托兩兄葺親形家以方向有軒輊利將在兄朋憲謂手足同氣何足異後以長子貴累封戶部郎中不以貴氣驕人屏絕干謁年八十七而卒易簀時猶教子以致君澤民大義長子昇猷宏材博學精書善琴猶長詩文不自矜耀其談理學必自勉於力行其矢忠孝

每寓志於詠歌入孝出悌人無間言成順治丁亥
進士甫授行人兩承
使命旋遷戶部三孚
簡書歷任藩臬具有嘉謨凡仕江南江右燕秦閩浙
有龍圖裴相之稱焉康熙甲寅補閩南道與逆變
亂昇猷抗志不屈迫以極刑昇猷餓六日將死賊
飲以水漿因之幽室昇猷堅志待狂嫚罵夜禱于
關帝視死朝夕以倖生爲可恥羈囚五年乘大兵
進剿賊將逃奔昇猷內約義民外召鄉勇以迎

王師總督哈占高其節題授四川臬司癸亥入
覲
召對面奏受難顛末侍臣聞之墮淚
上爲動容惻然良久擢大理寺少卿其難中紀事詩
十九首氣節邁於子卿天下誦之仲子昇後温恭
多善行以明經候選郡司馬季子昇輔舉康熙辛
酉孝廉仲季交勉俱以文章孝友稱
姚遴字細胥粵西憲副龍川公鵬元孫幼而岐嶷
生平剛毅有操守望者可畏卽之温然如光風霽

月奮志力學年二旬有六始遊黌序嘗硯耘於外勤于訓廸門下多佳子弟宗族親黨有貧不能給者輒周恤無遺如建宗祠設義田學田人稱長者壽至七十八而卒學者謚爲正肅先生子祖振食餼郡庠祖榮國學生孫弘仁康熙辛酉經魁五棠弘倫曾孫若柟俱叅入泮有文望克嗣其家聲云

陳大賢字容之號慕雲年十七應童子試輒冠軍好學靡倦博通有大志登隆慶庚午科孝廉授歸化縣令賦性嚴毅清操自持邑有陋規沿習已久

公下車有峉供常例者悉痛除之介氣凜凜以直難容解組歸離任之月行李一肩士民泣送比之清獻公建祠繪像崇祀焉世居紫金坊子孫儒業不衰

盛廷鋭字敬齋行敦孝友秉禮好義經史無不博洽至如青烏卜筮之學俱極淹貫靡遺萬曆十六年值歲歉越大饑出積粟倡募宗黨廣爲設法賑米施粥以濟貧乏俱稱爲一鄉善士後裔克承其教孫曰守學曰守寧以文學明經著名兄弟終身

不析爨至今五世同居孝義垂聲焉
明鄭遂字惟用生而穎異岸然峻峙及長博綜羣書
能通陰陽術數之理一旦喟然曰吾命子當以儒
顯乃棄句讀攻掾事尋謁選得遂溪縣尉遂溪偪
瀕海奔濤衝決堤岸肪圮居民失所水流橫溢遂
惻然不自安身任其役拮据蓄苴以成版築不數
月民復故業更築衢通往來濬水道咨灌溉回渠
川成畦隴桑麻繁盛尋以老疾歸民思其德奉祀
名宦復移縣入山陰鄉賢乃住居焉遂家居以棋

酒自娱嘗謂子舜臣曰吾不能爲子孫計願爾弘德懋學以光前人即吾所以貽爾穀也舜臣警悟雋拔嫺於文辭嘉靖丙午領鄉薦丙辰成進士授歙縣令晉上考貤封父如其官遷南京工部主事以不能附權貴左遷鄧州同知轉判汀州守通州二袁州府並著懋績所在尸祝之尋遷郴州知府未幾致仕歸少時即以豪傑自命至若輸金償鬻婦之債救卒却出妻之謝不求人知靜自檢持勵行在闇淡之閒歸田二十年却去繁華不事雕飾

鄉人多所推服年七十八卒長子一麟登萬曆丁丑進士擢兵部主事遇覃恩父進秩中憲大夫一麟歷官按察司雖職在刑曹握掌生殺然其用法惟公寬以教民哀矜折獄當路者不敢干以私幾於晝臥衎楊烏巢囹圄俄以母老乞終養其德望仁風正沃人心而孝思高蹈已寓諸山林泉石之間夫遂以一尉而得崇祀府邑鄉賢斯以爲異今子若孫皆超越顯達非其先積累深厚而造物所以報之弘遠俾門閭光大而知積善之有餘慶也

皇清洪其清字鑑如豁明經任清江令清江當瑞南衝封藩恢逆戎馬紛繹勞心曲處兵民安堵搶攘稍定即繕俸餘重建縣學復搆瀟江書院又捐千餘金築青龍潭圩堤以障吉贛二郡激射之水民間田廬賴以永裕邑紳黎元寬劉子壯爲文以記之當事上其才擢瑞州同知秩滿陞順慶府知府所在歷有政聲咸稱佛子之後洵有賢裔方踰載以病告歸宦貲一無所私與兄均分奉養其母克盡子道鄉黨稱孝友焉

祁震雷字子長號梅隱邑庠生御史梅川公七世孫也性敦樸好施與鄉黨中乏者賙之病者藥之殁者棺之慮惠之不永特捐腴田二十畝收其所入於冬夏之季以給餒者亳無德色樂善好施耄年尤篤康熙甲辰見郡道傾圮行旅顛躓墊溺偕文學余國瑞暨異月集宗上八立志修葺自郡城西郭門抵蕭邑計百里而遥厥費踰萬震雷首出五百金修塘百堵以爲之倡癸丑工未竣又鬻田以助其役經營十載不以爲倦壬子歲郡侯張三

異聞其賢命學博潘弘仁敦禮延爲鄉賓震雷力辭不獲明年秋坐而假寐忽見二童暨青衣數人若有所迓且見牒中有某某姓名偕行至曠野忽現金甲神持劍叱曰祁某善士也何爲至此尚有善事未完可徐之遂甦至次年六月得微疾疾中復見金甲者暨白鶴云先幾日呼某曰某日吾當逝矣至期遂瞑享年七旬有奇葬于廖山之陽孫國英夔英俱遊邑庠制行仁厚名著士林爲能克繩祖武云

袁全隆字隆道其始祖自晉歷宋元二十五世同居共爨宋祥符間詔旌其里爲義門全隆究心理學雖黌序蜚聲而志不僅科第及甲申闖變寄情山水詩古文著有溪隱集娶魏氏賢行著聞與夫同志生孔武孔光孔武性至孝屢試不售母舅魏方舟奇其學識納甥館命挾策北上大司農重其經濟練達委纂全書名重長安孔武捐復義門先建家廟次族居次鄰居最後始及本居捐田產供祭膳族友愛孔光毫無間言督 撫各憲咸旌其居

額通政虞世瓔大書古義門里贈之虞敬道作碑記詳其始末孔武以特恩授東莞令葺學宮興文教嚴保甲緩催徵革陋規除積弊當事嘉其廉能批讞重案甚繁夜以繼日蒞任一載勞瘁而卒遺命爲莞民鬻產賠欠帑千餘金自措其心曰予惟留此方寸地爲義門子孫作良田溫飽非吾志也前此冠犯越城同文學虞相兄弟招撫籌畫捐救無辜至助育嬰贖難婦賑饑脩塘及修岳武穆廟南鎮殿閣計費二千餘金又自知夙生從道門來

與虞相矢願重造古陽明洞天因父字與相父諱同豫書匾額曰敬隆道院孔武配魏氏孝養翁姑敬事夫子勤以治家慈以御下凡孔武樂善好義皆黽勉贊成之與其姑同受

敕封咸稱魏氏世有德婦焉生三子士弘士毅士重髫年穎異有識者知其不凡云

屠一鴻字宜喬秉性正直妻李氏以孝敬稱鄉黨生四子仕禎仕裕仕祿仕祥皆孝友謹厚一女適尤溪令虞敬道仕祿尤慷慨仗義凡生平樂善周

急皆以敬道爲法西興至錢塘江十餘里行人絡
繹素苦泥濘仕祿先捐三百金延僧募修遂成周
道口碑頌之後以候推都閫居京恪遵慈命與兄
弟共爨在京八載忽心動南歸偕至戚相聚數日
而卒遺命因在生之日致疏於　關帝其願未酬
托子姪庠生汝皷與敬道父子曲成其志敬道父
子先代造北都鄉祠文昌閣二百金又代助修西
湖岳武穆廟後殿三百金重新廣孝寺五百金石
屋普同塔院百金復以所遺金器修府城隍上殿

與東莞令袁孔武合修南鎮文武兩閣司事者皆
額記一鴻李氏世德并著仕籍之孝義焉
陳繼美字子冠號近菴宅心寬厚賦性勤敏十歲
能文時金沙吳公宿松張公甚器重之俱拔置冠
軍登順治辛卯順天鄉薦任鹽城令時淮河泛溢
兼以壬子癸丑連年大水繼美哭陳災荒請蠲請
賑得免正賦二十餘萬兩又於雨雪中細覈饑民
設糜救活者十餘萬口具文撫軍慕天顏凡墾涸
者三年始升其科先年逃散四方者多有鬻媳女

以圖存活及歸里則夫家母家爲之告訐繼美嚴禁而復業者日衆凡因災失偶與不能完姻者悉爲追給捐俸致贖如葛得壽等十人男婦焚香羅拜道傍揮之不能去時渠魁袁天保蔡三保李衆相聚爲盜繼美以密計擒之即釋其罪或唆爲豢盜繼美咲曰長吏不事撫循富豪惟工朘削饑民致亂殺之可盡殺乎二人感恩盡散其黨蒞任九年境內無虞皆繼美之功也丙辰復大水漕糧四千餘石艱於完解諸人勸僉派大戶繼美曰有大

戸猶可以養小民若大戸困則小民之困苦愈甚遂逈諭里胥咸感泣樂輸撫院慕公稱爲賢令焉[illegible]美誠於愛民不事刑罰以整漕致釁產償正餉及卒於鹽城民皆罷市哭聲震地孫學士一致爲之傳至今人頌其德特入良牧傳并有奉祀之者

李宗字伯因號栅菴性純孝天姿穎異爲人誠慤眞摯有大畧弱冠遊庠每試輒傾儕輩時逆閹勢張宗奢爲彈文以抒憤懣其父懋芳侍御驚見之歎曰孺子乃能是耶亟取稿刪潤上之忤璫被逐

璫敗從父督學三吳分司校閱如張溥包爾庚諸君子皆首拔門墻號稱得人及從父撫治山左登孔子堂問習禮樂陟泰岱形勝爲文益奇古雄灝不可一世已而痛父之以直道見黜草疏萬言伏闕訟寃事竟獲雪母俞氏卒宗哀毀骨立廬墓三年未嘗見齒順治戊子舉貢士入國雍

廷試高等例授節推以次子平貴遇

覃恩封秘書院編修遂不果仕日課督子孫暇則博覽羣書遇快意處輒浮白自怡有奉金爲壽乞筆

牘于當事者輒掉頭不顧長子斗四子卓係庠彥三子揆叙康熙己酉孝廉考授中翰敦文崇行樂善好施越郡人士咸高其品誼諸孫列名黌宮俱穎異不凡云

朱宸字拱辰汴人也少負異才爲人慷慨有英氣宋高宗建炎二年戊申宸以忠直累拜殿前檢點三年值金人至京師帝幸揚州護蹕南狩金人追甚迫宸以一身負駕涉錢塘而東於是不測之險遂以獲脫殆古人所謂食其食不避其難者也當

流離顛沛之中擁戴贊勳致敬竭誠無敢貳越又非學問深謹明於大節者不能後歷著功績仕至征南武德大將軍配顏氏繼娶何氏鄭氏生六子俱仕於朝家聲疊振卒于紹興三十年塟黃祊嶺春秋配享六陵子孫科第奕葉爲越中望族十八世孫其光府增廣生有文名追念世系特鐫傳以表始祖之忠義於以識文獻之足徵云

嚴尚權字巽行少倜儻有奇氣讀書會意輒欣然忘食長遊燕趙間慨然有澄清之志制府楊鶴聞

名羅致禮之上客以軍功授武階三品非其好也

順治間土寇竊發有守道州者本儒生不勝其任

尚權爲謀戰守之宜土寇突至卒同州守與於難

子鋐鑄銘錦或仕或隱人以德望重之孫之琰之

瑋之琦文章品行翩翩佳士也

孟繼美字懋昭亞聖六十四代孫幼穎異博學能

文落落不得志於時隨長兄仕三韓衛凡山川戸

口戰守自宜韜畧罔不素具已而入成均選授興

化府幕海氛侵犯預謀應敵城賴以濟篆仙遊縣

事單騎詣賊壘推誠勸諭感恩就撫而退直指王
功敘爲第一計典代覲
世祖章皇帝召問全閩情形陳奏愷切擢滑縣令下
車清寃獄犴狴爲空墾荒土增科二萬兩有奇捐
俸葺黌宫設義學一時人文蔚起如魏莊劉珩王
國昌諸子並擢巍科治滑十載異政甚多滑民奉
若神明退老丘壑敦篤友于課子成材享年七旬
而終子賜雍以明經授常山教諭飭行誼勤課士
不負庭訓後因軍功晋級除嵊縣令克承先業焉

明李銳字和鳴三雋武科登萬曆乙未進士先世巢湖人明洪武時始祖名宗以開國功食采三江所因家焉七傳而昭信校尉世榮慷慨仗義生子銳官南畿三江會口遊兵都司歷任明威將軍嚴戢兵丁愛養百姓輕裘緩帶遂爲太平儒將致仕後止置田數十餘畝其居官之廉潔自矢概可知已子光霽萬曆丁酉壬子戊午三舉武闈次子光霖萬曆甲午癸卯二科武孝廉孫元豐元坤俱雋賢書世識家能崛起通顯者唯稱司空孫杰今銳貽

諜昌後遂爲浮山望族與之鼎盛云

〔傅臚〕字雲史順治戊子拔貢任欽州府通判歷有政績士民賴之因署馬瑚府事進表候期左遷福按察司經歷值耿逆叛亂追其從仕不屈拘于幽室後耿逆内潰秉間歸里巡撫陳公秉直上其事朝廷特差部員命其來京陛見慰勞備至錫以忠貞可嘉四字子讓邑庠生有文名於世

〔王萬祚〕字修仲號醒弦由保舉恩貢狀貌魁偉氣

度雍容生平孝友文章直以聖賢自命言規行矩爲世楷模明崇禎朝詔賢良方正辟召授弋陽令蒞祚慨然曰使吾宰天下亦如此一邑矣是時民苦煩瘠蒞祚知縣事寬厚仁恕未嘗施刑而教化所及卒無敢犯者民受其撫摩鞠育如登衽席闔邑爲歌慈母焉在任捐俸賑荒脩築堤橋禁溺戒殺種種善政難以枚舉刻有養老保赤諸書弋西茅源山谷深曠地形險阻鄰郡徽婺流寇數千竄入其中通貴溪萬年樂平等縣不軌之徒蟻附之

江右洶洶撫　按檄各路兵合剿萬祥悉行謝御衆
鄉勇互相連絡運籌多方阨絕流寇飭道身親督
戰剿撫並用計日盡殲之并焚各塢巢穴寇遂平
撫按會題文武兼資堪任節鉞栽併行取考選四
川道監察御史至今弋之士民咸尸祝之以其德
政上聞從祀名宦載諸弋陽縣志將詳
嚴爾介字以和業本儒家性耿異不喜事王侯托
跡丹青而終老焉毋有所得於服食居處外日以
游人利物爲心嘗謂人曰吾不用人間作業錢且

不令阿堵物累我清素雖雲林倪道士莫之過也迄今里黨猶羣傳其高致云

章天寵字君錫性至孝母年五十六疾瀕危告天刲股沉痾頓痊有負逋數千金悉焚其券凡貧病無倚者捐田於大板橋永澤巷代爲贍養易簀前一日夢青衣童子召引至次日果無疾而逝配曹氏秉姿淑慎其事長以恭待下以寬而勤儉之風貞静之德宗黨咸翕然稱之子繼蜚聲膠庠於康熙十三年盜賊許奕文等圍攻上虞陞率練兵[illegible]

東門殺賊復於東關鎮勦寇城賴以全親至大嵐山招撫黃世霖等數千餘人　部堂達公　撫軍陳公委以都司職銜時軍需孔亟各里遞解穀草至軍前交收闔邑震恐陞攜資獨往并啓
親王以虞邑舟楫不通解運維艱隨即改解本色里民咸推其德特立石于邑北門外清泰菴內後陞改授縣令値遵請廣封典循例父母俱膺
敕封陞因母年六旬色養承歡家居不仕越郡人士俱稱陞之孝行焉

陸桂字砥中有至性初父傳恩爲鄂州都統忤權落職居潤州景炎中聞二王走溫號召義士千餘率子翁追從之至厓山同殉溺于海者族屬七十餘人時桂方弱冠卧病新會旅邸聞變力疾馳至海岸呼號慟哭三日夜不絕聲元兵露刃羣觀之不忍害忽有屍自南隨潮而來面色如生視之則其父傳恩也得小舟載至新會之半村槀塟而廬苫墓側每飯必祭如生時每祭未嘗不痛哭凡二十餘年里人憫而飲食之

馮肇楷字民則庠生順治戊子年妻朱氏卒時肇楷年二十九歲守義終身誓不續娶屏絕姬媵生平誦讀之餘唯賦詩飲酒而已秉性狷介足跡不入公門行誼端方迥異流俗越人以此賢之

高尚禮字子建少有大志好讀書學擊劍慷慨豪俠倜儻不凡事嫡母俞氏以孝稱不營產業樂施與遇親戚鄰里之貧乏者悉厚給之又爲宗祖立祠產凡遇義事罔不畢舉鄉黨無比之范希文後成康熙辛丑進士權梧州府水師營遊擊粵西地

界偏僻數多苗賊入寇尚禮隨方處置屢立奇功賊每憚之不敢入邊民得賴以安及滇黔猖獗尚禮奮袂一呼應者動以萬計矢志誓師盡忠捍禦後賊勢甚逼遙知事不可爲遂嘔血而死卒年四十有七

朝廷聞之勑贈廣威將軍

姜明作字秀宇庠生素行端方孝義足風周急濟乏遇善必爲越郡紳士均有古人之目與叔對陽公最稱莫逆時時講習經史論古談文終日不倦

年八旬有七一日静坐忽異香滿室恍若有羣仙
引接溘然而逝伯太僕寺卿子羔公有氷懷篇以
贈明作仲孫華祖忠厚誠樸孝事二親施濟無倦
郷里咸稱善士年八旬有三所育一子五孫俱有
令名巡鹽御史熊公焯旌其廬曰德壽兼優孫公
必振表其門曰望重蒲輪
明徐世孺字鑑吾任光祿寺丞居京師廉介自守好
行利濟事𥙷郷縣之南關路衝而窪當雨積水濘
時行旅苦之遂捐俸造石梁以通往來更建僧院

置田數頃爲脩葺經久計其他善事多類是晚年鄭子副創白衣菴於良鄉邑之西妻劉氏夢一老嫗狀貌頗奇抱一兒付之曰是汝克家子也隨舉長子士偉復育士仁士偉生而穎異弱冠能文長娶室錢氏世孺卒而士偉甫九齡劉氏親績紡操井臼勤劬課子迄於成立及病劇媳錢氏嘗士力救焉氏性慈樂善好施親疎遠邇貧之者無不周濟後士偉官西蜀軍民皆愛戴之生平慷慨大度有容德不望報隱德纍纍生子兆宣授兩淮運判

時亢旱鬬龍港至石堰湊川一百八十里鹽壅不能行巡鹺郝公裕患之兆宣設法輓運晝夜不滯百萬課税賴以疏通焉次子兆寧授定興縣教諭蒞任之日卽脩飭黌序俾積圮學宫頓令煥然改觀文教之久衰者力爲振興之自是邑中科第始相繼不絶季兆奭太學生孫六人長俊民次覺民治民育民長民宜民曾孫澐咸英姿秀發人以爲世篤劉氏康善貞慈之報云

王化秀字純厚習儒業守約樂道性喜周急鄉黨

重其品行蚤卒未竟所施人咸惜之妻壽氏性貞肅飲水茹蘗躬課子孫六十年如一日也生四子長允志克遵先命苦讀顯名初通判端州尋遷守粵西勸農課士招集流亡整飭邊備土司梗化者深入撫諭莫不服從旋以母老告歸值土寇發父子兄弟捍禦一方雖四壁蕭然而剏宗祠置祭產以贍族結廬樗山著有廣樗集十卷課子顯庸定銘曾述承孚等七人入泮登籍足跡不入公庭朔望率子孫曾八十餘人拜母於堂下母年八旬有

五尚黥頭徒跣飯五代同居各無間言人以爲義門復出節義之報不爽云

曹九成字少愚系出望族勤習詩書幼年即蜚聲黌序生平廉節端慤慷慨好施配吳氏溫恭淑順二八年壽皆越七旬子遵道繼志行善秉孝友務儉素博覽經史放情世外隱居栖山節衣省食鄰族賴以舉火者多焉妻陳氏親操井臼克盡婦職遵道年五十歲生子學雋學集課訓有方學雋奮志北遊值贖典任固始令循良爲政洋溢中州筮

仕未幾于康熙癸亥孟夏遵道一日無疾而逝年
八十二伉儷俱遇
覃恩受敕封學雋聞訃即解組歸通邑黎庶沐其仁
風相爲遮道攀畱送至境外歌頌之聲不絕於口
學雋旋里服喪哀毀誠敬悉範於禮宗黨俱稱以
孝學集名列成均敦篤行誼世人咸稱其父子孫
積德後裔克昌果報云爾
余亂麒字九區素性慷慨諳習韜鈐生平孝友敦
睦嚴絕非禮正氣自持蚤卒妻陸氏守節撫孤操

北松籍子光祚順治丁酉孝廉辛丑進士孝養母氏承歡無間立躬制行悉循禮法且與人謙讓恂恂謹飭而復排難解紛好施樂義殊有古烈丈夫風人皆謂貞節所貽誠克顯夫舊德者

余德龍字雨霖父恪毅公客遊薊州慷慨好施及卒後櫬歸南薊人戴之號泣褁糧輸舁舟次者千餘人德龍沖齡北上奔馳失學壯年手不釋卷淹貫經史共欽宿儒望重長安昆妹親族賴以成立者實繁有人歸里之日檢逋券數千金慨然歎曰

倘留此以遺子孫必致索償殊失周急初念遂盡付諸火明癸未歲越郡阻饑乃捐貲督勸多方賑給暨順治癸巳姑蘇大荒德龍適在周司空署內力勸賑濟身董其事調劑有方前後賴以存活者數萬人晚年詩棋自娛有野居詩集二刻行世士林閭里咸頌其德望至今弗替也

俞良臣字繼泉力行善事唯敦親睦妻何氏孝養尊人守節撫孤宗黨俱推爲節孝焉子大綬恪遵慈訓秉性孝友推解爲懷其周急濟危完人夫婦

不可勝舉凡有舊券悉行焚毀今享壽九十餘歲精神矍鑠弗殊童顏濟濟成立色養承歡庭除雍肅

裕親王賜匾曰秦之博士足稱於越人瑞云

金蓮字和國太常寺少卿蘭之長兄也處心忠厚業擅岐黃雅慕恬澹掩德自高配方氏止生一子蚤卒蓮鰥居自矢屏絕姬媵者四十餘載年登上壽其同懷弟荃字桂畹敦厚性成與兄同志配何氏蚤逝荃亦誓不再室或勸之置妾遂怫然曰予

既有三子何妾之爲壽至七十歲而終鄉人目爲雙義云

馮宗浣字淨子號樂水弱冠補博士弟子有聲黌序屢戰棘闈不第生平慷慨任俠遇人急難則傾囷倒囊以濟之遇事不平則危言正色以爭之士有一長足錄不惜多方延譽爲之曲成其美若高賢大良至於其前則脫驂解珮有古君子風至其孝友性植敦篤倍常事繼父如生父撫庶弟如胞弟族黨里閭共爲稱道弗絕子肇楠順治戊戌進

士任永豐令清廉之譽溢於豫章邑人食其德而尸祝焉

陳大綬字靖明誠樸不苟愷易成性子世綎字受銘克繼父志敦篤實行樂善孜孜尤好施與以周急濟難爲心其完夫婦贖子女置義塚育嬰兒修橋砌路捨棺放生不可勝述各憲俱給匾以旌之三院曰義高買父撫軍范公曰尚義維風巡憲許公曰于氏可期知府何公曰爲善不倦年九旬餘手不攜杖步履甚健兒孫繞膝一室雍和人咸推

爲耆舊云

柴雲耀字涵宇少時有大志讀書不屑章句唯留意經世之務凡兵農錢穀邊方阨塞諸事罔不洞悉順治初因軍功題授都司秦御史世禎莅浙耀爲中軍是時東南甫定山阨海澨多有伏莽雲耀設方畧獨主撫綏所嚮底功兩浙搢紳士庶賴其保全俱爲感德弗置居家孝友周恤宗黨子應陞亦慷慨有志節晚年筮仕邊陲因目疾旋里傾橐以贍親族夫妻相對食貧處之怡然尤稱高義云

平鄗鼎字漢凝一字又李本邑臥龍山麓人生而天性孝友工文章復長於政治五齡失恃事繼母馮以孝聞同父各母兄弟共十昆因心友愛宗族鄉黨毫無間言幼補弟子員矢志上進觀光雍庠筮仕商丘丞遷唐邑令父故以憂歸痛不及衾殮擗踊欲絕獨力舉喪廬墓三年補宰陵川內擢戶部湖廣司主事所在政蹟嘖嘖人口卒于官名公鉅卿如桐城張公諱英武進趙公諱申喬每器重之

王錫元字次曾山陰人與弟錫魁錫爵錫驥錫則同母生皆壽考龐眉皓髮鬚髯如練康熙四十四年四月

上南巡至杭州錫元五人伏道左迎　駕

上見而悅之問其年錫元與錫魁孿生俱八十歲錫爵三人各七十餘歲歷詢其家世子孫五人之婦結髮齊眉尚有同產女弟兩人與夫偕老俱八十歲夫婦十四人總計其壽盈一千七十餘歲召入

行宮趨蹌拜跪皆矯健無老態命坐賜克食

御書一門人瑞四字示寵命學士查昇作序賦五老
歌以誌其盛四十六年二月復迎
上於江南賜以正八品頂帶六十年三月浙江巡撫
都察院右副都御史屠沂經其里樹五老故里碑
於通衢中憲大夫知紹興府事候補副使道俞卿
贈人瑞里三字山陰令丁弘書懸於路亭以垂不
朽
平廷鼎字象九號眉岩亦臥龍山麓人也賦性倜
儻多才情又極善處家庭骨肉間前母胡遺兄五

人事伊母馮俱各凜凜以敦孝道而眉岩事五兄極盡友于俾母氏待前出子如親生并待庶弟如同胞昆季十人不知其爲各母所生焉年甫弱冠出宰西蜀之宜賓緣地方當兵燹之餘極力撫綏招流亡授牛種凋殘登之衽席洎遷江右南安郡丞甫三載正思展驥未抒所蘊卒于官至今庾嶺之下猶有仁風吹入來往行人之耳

徐濂傳字慕蓮天性孝友父琦己酉中式彝鐸遂安年邁濂傳同妻莫氏隨任朝夕奉養色笑無虧

父病篤濂傳滂泣禱神求代親嘗湯藥衣不解帶
三載有餘父歿號哭幾絕數次家人燃艾灸之尊甦事
母張氏定省溫凊終身如一日母或以惡事有憂
濂傳輒愁眉百結柔聲婉解得母歡心始已伊母
常稱其孝兄洛傳患黃水脹病破爛穢聞妻妾奴
婢皆不敢近濂傳隻身相伴起居飲食親爲調治
兄易簀時告諸親族有吾弟之德難忘來世圖償
等語未幾濂傳以積哀成疾相繼殞命迄今鄰里
鄉黨稱道嘖傳遺子一名新定青年有志可稱克

家者矣

皇清

何洪惠字子吉世居鑑湖之澄灣因號澄湖生有至性行誼絕人甫九齡母沈見背哀毁成疾父其明救護得生上隨三兄事父極孝弱冠又失怙悲慟更切喪葬盡禮念二親不及奉養風木增哀每忌祭含涕終身後改兆易棺惠忍痛事畢檢歷俗謂親支不宜見骨終無避忌歷代祖塋行隻省偕族人創典家廟又脩世譜增祭田凡屬本原者

思不覺其產不踰中人而淡泊自甘好善若渴手足友愛析箸後分財相贍白首怡怡化者道矣願以屋償輒焚其券姻族有困窮無告者為割田以養之他及飲婚助葬衿孤恤寡俱為人所難其尤難者夫婦一倫獨扶大義惠娶錢氏琴瑟甚調方三十而斷絃戚勸之續嚴辭拒曰夫義猶婦節也人道首重倫續而不賢則子女受累恩義兩乖竟抱鰥自誓至向平願畢子為納婢請侍巾櫛惠更毅然不染以養女遺嫁其視色若空雖柳下惠魯

男子豈是過哉廉史武公國楹以敦本尙義賜額褒嘉職年葆眞釋瘁雅好詩文子集成授州司馬秉義方訓養志承歡搆一園奉之以逸其老居數年而卒所著有逸園艸名士大夫景惠高行多傳而和之

## 隱逸傳

補行山陰道上碧水丹山隨處而是地可以肥遯矣問眞能隱者果幾人耶況隱不徒隱必有可以廉頑而立懦者若夫幽居樂道不苟赴于榮名可不謂嚴先生之流亞歟紀其事景其人弟以不獲多見爲恨云

漢趙曄字君長少嘗爲縣吏奉檄迎督郵曄恥于廝役遂棄車馬去到犍爲詣杜撫受韓詩究其術積二十年絕問不還家爲發喪置服曄卒業乃歸州

召補從事不就後舉有道卒于家著吳越春秋詩細歷神淵蔡邕至會稽讀詩細而嘆息以爲長於論衡邕還京師爲學者誦而傳之

晉　謝敷字慶緒性澄靖寡欲入太平山十餘年辟命皆不就初月犯少微一名處士星占者以隱士當之時譙國戴逵有美才人或憂之俄而敷死越人以嘲吳人云吳中高士求死不得死

南北朝　朱百年少有高致携妻孔氏入山以伐薪採箬爲業罝樵箬道旁人知爲朱隱士所賣多少留

錢取蘘箬而去好飲酒頗言與理時爲詩詠有高
勝之言隱迹避人唯與同縣孔顗友善顗亦嗜酒
相得輒酣對盡歡顏竣爲東揚州餉百年米五百
斛不受後卒山中蔡興宗爲會稽太守餉百年妻
米百斛妻遣婢詣郡門奉辭固讓時人美之以比
梁鴻妻云

孔祐敬愉曾孫也隱居四明山嘗見山谷中有數
百斛錢視之如瓦石不異採樵者競取入手即成
沙礫曾有鹿中箭來投祐祐養之創愈然後去太

守王僧虔欲引爲主簿不屈子道嶽與杜景齊友善少厲高行能世其家隱居南山終身不窺都邑齊豫章王嶷爲揚州辟西曹書佐不至鄉里宗慕之道嶽兄子總有操行遇饑寒不可得衣食縣令丘仲孚薦之除竟陵王侍郎竟不至

唐孔述睿梁侍中休源八世孫少與兄弟克符克讓篤孝偕隱嵩山而述睿性嗜學大曆中劉晏薦于代宗累擢司勳員外郎史館修撰述睿每一遷即至朝謝俄而辭疾歸以爲常德宗立拜諫議大夫

兼賜第宅固辭久乃改秘書少監以太子賓客還
鄉

宋趙宗萬字仲囦少知名錢忠懿器之入朝欲與之俱以親老辭不行既長博極書傳負經濟之術困進士應詔籍于春宫宗萬天資蕭散於世故淡如也壯歲築室於郡之照水坊左瞰平湖前挹秦望畜一鶴號丹砂引以爲侣足跡不及於高門鼓琴讀書怡然自適者三十餘年祥符中詔舉遺逸郡守康戩以宗萬薦尋被召乃曰吾老矣不足以任

事因獻跋鼈傳以自見且請自托于道家者流朝廷不奪其志即其家賜以羽服後十餘年卒華鎮言宗萬神宇清明識度怡曠終日凝淡若嬰兒貞方外之士然取舍去就之際則確乎有不可奪者善八分草隸書逼俞扁術或辟穀導氣嘗爲詩曰斗懸金印心難動屏列春山眼暫開葢其志也

王易簡字理得尚書佐之曾孫生而穎異幼喪父哀毀如成人益嗜學及冠有聲望登進士第除温州瑞安主簿不赴隱居城南讀張子東銘作疏識

數百言唐忠介震黄吏部虞見而器之折輩行與之交易簡篤倫義事伯姊甚謹尤賙恤其族撫兄之諸孤如其子多所著述

元韓性字明善魏公琦之後高祖膺冑始居于越天資警敏七歲讀書數行俱下日記萬言九歲通小戴禮作大義操筆立就文意蒼古老生宿學皆稱異焉及長博綜羣書尤明性理之學其文自成一家四方學者受業其門戶外之屨至不能容其指授不爲甚高論而義理自融見人有一善必爲之

延譽不已及辨析是非則有毅然不可犯之色出雖無華軒旅從所過負者息肩行者避道巷夫街叟至于童稚厮役咸稱爲韓先生云部使者舉爲敎官辭不赴搢紳大夫有事于越者必先造其廬得所論述即以爲繩準年七十六卒門人南臺御史中丞月魯不花請于朝謚曰莊節所著有禮記說四卷詩音釋一卷書辨疑一卷郡志八卷文集十二卷

【王孚】字宗孚元蘭亭書院山長中元第五子孝友

肯樸動遵禮度爲後世儀表以先世有田廬在
湖時方擾亂同昆季渡娥江寓焉杜門匿影晚年
益敦友愛與弟宗尹𡁜咏自怡相繼而終俱無子
孚有山林餘典詩稿

施鈞字則夫博學能文詩得唐人體有飲氷餘味
集隱居不仕

呂中字居正性莊嘿終日危坐未嘗傾側臺署舉
爲甫里山長不就

明王紹原字復初自幼嗜學治毛詩刻意吟咏伯仲

五人值元季兵興經亂離家盡廢紹原惟守淡苦諸弟欲求分異以自便紹原不能已推產與之唯取先世基田以供祭祀及海内平于所居之傍闢一軒扁曰畊讀與常所往來觴咏自娛灑然無世累有耕讀集傳於家

〔錙績〕字孟熙父〔漁〕有雅行以詩名績方數歲漁試以詩有奇句既長遂擅名一時然素貧轉徙無常地所至書齋文榜于門得所酬物輒市酒宴賓客不事生產計嘗有客至呼名不即出怪之因入堂

其妻方拾破紙以代所爇薪家不能具儋石簞瓢

度昕夕晏如也所著有嵩陽集霏雪錄穿雲集傳

于世子師邵性超邁亦工詩辭鎦氏祖父孫皆以

文學高于世世稱爲三鎦云

蔡慵字惟中襟度恬曠接人惠而和未嘗有怒言

愠色好吟詩與毛鉉唐之淳鎦績齊名相倡和喜

飲酒家貧教授于鄉居有借竹軒自號資笑生

王宥字敬玏篤學力行潛德弗耀鄉稱隱君子云

鄭嘉字元亨凝重寡言性至孝母病嘗糞甘苦衣

不解帶毋未復初不就枕篤行好古其詩亦有古風鄉稱柹庄先生

李昮字文勉性斂達卓犖不羈詩宗晚唐得李商隱之體

羅紘字孟維博學能文性恬靜散逸志行淳慤卓爲後生宗仰及門之士甚衆其著名若張燦輩者二十餘人子周嘗辟儒職不就次子新亦振儒業鄉稱二難新子頎

羅頎字義甫性淳樸鮮嗜慾不事華餙承家學敦

篤古道于書無所不讀過目輙成誦當其會意時
雖食寢亦不自覺經子百家古今載紀及老佛諸
書稗官小說罔不攬奇鈎源著之篇章爛然成一
家之言弟子及其門者各有所就裒衣博帶從容
曳履見貴勢無加禮人亦不敢以貴勢加之太守
臧琥崇禮隱逸于頎猶注敬焉嘗聘修郡志未成
書左叅政贊亦以博學自許聞頎名聘至論難相
酬應叩愈深其出愈不窮贊深嘆服以為博洽無
可擬羅氏三世隱梅山各以文學鳴于世紘啟其

源周新承其流頎益滙而大之著述可傳越人士得所師承羅氏于吳越有功哉紘著蘭坡集十二卷會稽百詠一卷周著梅隱稿十八卷新著介軒集八卷頎所著尤浩繁其易齋札記及諸所訓詁詩話二百餘卷稱梅山叢書

朱純字克粹淳雅有儒行詩清婉風格高古教授於鄉其孫節以進士起家官監察御史奉使而卒朝廷憫之贈光祿少卿

吳顯字文英少敏慧博學洽聞才名藉甚工爲古

文辭嘗作東山賦典藻不下孫興公師相李西崖東陽時稱文章宗匠見顯所爲駱賓王廟碑嘆賞不能休自京師遺以書幣其志乘傳記諸所著作皆得體裁文多可傳世者志行散逸醇篤不如諸儒才美亦非諸儒所及故獨以文學擅名

夏寅字正寅隱居教授言動莊肅有詩名二子煥炌煥操行清介所爲詩多典潤語炌與兄齊名人擬之元方季方云

王文轅字司輿七歲時拾遺金一鎰坐待失者歸

之其人顧畀以半轅笑曰我苟欲金何待汝爲識者器之素多病父母憐其瘠俾勿終舉子業遂隱居臥龍山下人咸識其隱德王公守仁尤雅重之丈轅數延至與語彌日忘倦一時名士如朱公節徐公愛季公本咸敬事焉有司類多及門拜訪累薦經明行修不就所著有茹澹稿尤邃皇極經世律呂諸書祀鄉賢

王埜字貞翁生有異稟家貧肆力經史絕意仕進築室臥龍山南教授自給守介而氣和鄉人士雅

慕重之郡守洪珠屢造其廬扁其堂曰逸士晚歲喜讀易習養生怡遊山水間自號蜕巖道人壘石爲生壙于亭山之麓題曰小芙蓉城爲詩冲澹自得書法逼趙吳興所著有周易衍義蜕巖詩集蜕巖詩話百別詩絃誦新聲所編輯有紹興名勝題咏五燈集要湖山紀遊諸集埜無子有女曰葉屏適胡氏而寡無所依依父以居女紅極精巧嘗貿以供朝夕亦能詩然不多作嫠居十餘年先父殁殁而檢笥中得詩數十首每焚香誦經有詩云禮

佛焚香易修行定性難古來成道者必肺鋏般般可以觀所守已葬小芙蓉城側鄉人題曰節婦王龔屏墓埜歿鄉人思之請于郡守梅守德即故居立石曰王隱士里同時有王琥本姓黃者詩才與埜相伯仲而端謹不逮云

陳鶴字鳴野家世本百戸鶴少年輙棄去研精詞翰名重一時又善畫水墨花草獨出已意最爲超絶蓋其風韻在姚江楊珂之右而豪放不羈頗異疾于禮法之士云

何道字一貫家若耶之南自號南溪人稱南溪先生幼失怙恃家四壁而性獨好學負笈從胡雙溪先生游雙溪者文成高弟也由此得聞文成之學闇然自修不言而躬行焉里中延爲塾師戶外屨常滿諸文懿公嘗曰吾見何君躁心自釋陶文僖公遂托其子使訓廸之而郡守李君僑雅不與士接獨于道則造其廬其後諸陶兩公迎之至燕而名更籍甚時長洲相申公爲翰林學士問師于朱文懿公遂以何先生對申公使課兩子非衣冠不

敢見久之語申公曰野人辱公知遇無以報他日公當輔顧爲忠告友所以報也其後申公入相退必與之共食故得時時進藥石語申公必虛懷受之諸文懿公之卒也以不歡于故相未獲易名之典道洛嗟不已請于申公卒亭易名生平温厚質直不立道學之名然闡發六經之旨而歸本良知終不倍其師說不談養生家言而收視返聽其息深深似有道者爲詩不拘聲律當其得意處發于性情雖作者無以過也卒年八十有二子爲羽林

參軍追贈如其官

張伯樞字慎甫賦性矯矯勵志攻苦厭詞章訓詁之學每五鼓披衣危坐黙體聖賢微旨欲以明道覺世自任奉事父母竭誠盡孝萬曆十六年米貴多疫困厄莫措乃登樓見窖金在檻似天所助也入京爲諸縉紳崇禮庚午省試不售即棄青衿杜門著述浙撫劉一焜司理蔡懋德皆重其易學深契洽焉里人劉宗周倡明理學屬之皐比洗發明暢且勸梓四書五經解以淑人心嘉湖道蔡某欲

卽於童子試中措費以佐剞劂伯樞恐有礙孤嫠婉詞卻之其皭然自守乃爾平居每聞忠孝節烈事義形于色如表揚王貞女沈烈婦皆其論定至於宅念措躬必歸誠正大爲一時師範所著有家訓格言讀史評内臣昭鑑錄等書士大夫至細民咸呼之曰張先生年八旬卒劉宗周爲文哭之私謚聞貞崇禎間從祀鄉賢

余增遠字謙貞號若水同胞五人而父教極嚴雖旣貴夏楚不少貸公性溫裕鮮受譴訶一日父令

諸子言志各引一古人增遠舉司馬君實爻詰其故則曰以其無不可對人言耳爻色喜天啟乙丑伯兄煌擢廷對第一季子增雍登甲子科丁卯增遠舉於鄉癸未成進士除揚州寶應令掛冠去居稽山門外做屋數椽俄而荷錢鎛負耒耜與爻老往還齒讓而坐人以長者稱之嘗戴皂巾廣尺五寸冬夏蒙首衣皆重綻食惟脫粟設寢床擁敗絮而寢冬月手足皸瘃意嘗灑灑然獲與遊者一二所識布衣先後當事有求見者竟不納或念其家貧

欲贈束帛脯糜比入見清譚移時至不敢發言而去惟教授童子爲業當其未病能豫知死期享年六十五歲卒一時論者稱江東逸民遂私謚曰孝節

何育仁號覺庵自爲弟子員從陶文簡講理學每以忠孝廉節自許經史諸書靡不究心氣誼文章尤爲士林推重又慷慨有四方志遍遊天下名山皆留吟咏有天水集行世丙戌後足跡不入城市而著述益富獨緘口不及當世事人比爲柴桑處

門一云性尤好施與遇有鬻妻子者捐金贖之有貧乏者罄囊濟之雖四壁蕭然勿顧也年七十餘鶴髮鮐背曳杖逍遙泉石間及卒聞者莫不隕涕殯後有遠備楮錢痛哭焚化不通姓名而去者仲子曾臬順治甲午舉人孫鼎康熙丙午舉人

劉世鵾字壯生生而穎異沉默伯父宗周最器重之弱冠餼于庠淹貫古今至忠孝節義事必反復流連有慨然自命之志丁丙艱構廬墓側哀毀骨立及甲申聞崇禎之變遂不食籲隱遁山中以歿

當貢例應授職亦不就唯沉酣翰墨間有以詩賦及臨池干者輒揮毫罔倦士林推爲祭酒焉卒之日遠近嘆息私謚貞獻所著軍徵集才子警心集圃餘洽聞兵牘論儒誠集記元孜閒叅集逸懷堂詩凡一百二十卷

元秦元字尚一唐高士系之裔孫少嗜學博極羣籍尤孜孜經務志用於世至正十四年知天下大亂將作遂散家貲賂親族絶意仕進築室邑之鳳林鄉廠山面湖日誦蓮花法典如是十年經室中忽

生異花一莖九瓣相拱其大如盎色紺而香烈結實亦九粒萎而不落時搢紳巨儒浮屠宿德來觀者塡戶閾莫辨其名後西域僧見云此優鉢羅花也元以儒而隱于釋子然爲元末高士人謂不愧古安世系云

明劉世儒字繼相號雪湖習儒業磊落不覊名聞海內與益府二王華山樊山諸藩以及名公鉅卿咸爲結納其間投贈往還敘贊詩詞無不心折而識賞焉性愛梅少時見王元章畫梅而悅之遂歷吳

淩越金陵馳閩楚覓諸家眞墨跡至十餘年乘寮
疏簡俱臻其妙因著梅譜一帙王思任爲之重登
剞劂傳行于世後譜半多殘闕文章盛振英倣摹
舊本付梓補刻而疏影橫斜暗香浮動入烟雲之
淡漠間雪月之清幽鐵幹虬枝相爲掩映覺羅浮
雅夢灞橋詩思恍聚于尺幅間也孫應龍字明吾
别號問心道人能踵起勁筆繼美芳名惜道人以
後遂不復有傳者
〇金廷韶字二如號越石崇禎己卯舉人癸未進士

任贑縣令精明英斷行嚴保甲民間細微罔不洞悉講明武備力爲贊畫然賦不加民民亦不知兵一邑慶再生焉居官清白矢愛民如子民請立祠弗許惟私相圖像而去廷韶性孤介忘情軒冕即解組歸里雖囊橐蕭然而蔬食布衣棲遲自得著書立說至老不倦尤好吟咏其立意高曠敷辭濬遠人擬之以陶靖節配王氏德嫺柔順同賦偕隱親操井臼時勤績紡與廷韶嘯傲林泉者幾三十載遠近共稱爲孟德耀桓少君云生三子爕炎

列名成均美貢生俱能恪遵庭訓無墮家聲廷韶兒廷詔庠生長厚自好弟廷夏任輝縣令能以撫字循良見稱於世

姜廷梧字桐音父一洲丙辰進士官司農廷梧其季子也未總角姿度絕人爲文脫穎而成年十三補博士弟子員陳子能司李越郡甚相器重决爲風塵物表漳浦黄學士道周過宿司農家與謀國事謂司農曰君終爲陶桓公家有溥矣司農殉國遂自放林皋絕意仕進日求儒雅之士較藝論學

以高文遠韻相酬酢聲名達于江淮徐泗間詩宗大曆以前久而益工將卒之前夕尚賦長律二十餘篇所著有待删初集芳樹齋集行世全集十二卷藏於家配祁德淵字弢英爲忠敏公世培長女賢有文章每與廷梧相倡和有詩一卷曰静好集㓜女名倩字薇懿雅好吟咏其詩章俊逸清新擅譽閨閫有南樓集紉芝草廷梧少豪邁倜儻不事生産喜中人急而氏每助之有友人子男二爲賊所掠廷梧脱氏簪珥贖之生平助婚助喪者不可

勝計教子有義方以通經學古爲亟子五人兆熊兆驊噪名黌序兆鵬兆驥兆鵠長孫允垣俱好學能文克世其家學云

劉昌字晉明爲邑諸生性至孝父病刲股愈之後居喪疏食三年笑未嘗見齒其事母亦如之英姿力學喜讀百氏書一覽成誦作文勃勃有奇氣雖家貧性樂施與三十隱身古虞授徒課子飲酒賦詩絕不與戶外事著大禮纂說嘯堂詩集小題百藝參較易肯定本生平慕元亮之爲人嘗種菊以

自况年六十而卒生子蕭十歲能文十七補弟子員能以德業聞于時二十五中浙江戊午科副榜充國監拔貢試第一

李乾龍字太初少有文名慷慨仗義事親以孝聞應童子試不就因棄章句業專攻伊洛之學一時學者宗之崇禎甲申闖變遂杜門不出緇衣羽服自號寂一和尚日錄法華金經至數百部施名僧旹浙中古刹多有焉郡侯張三異高其風手書匾額表曰齒德兼優年八十三辟穀二載卒宗人私

謚曰孝惠

祝湯齡號寰瀛篤誠懷古與倪文正公元璐爲道義莫逆之交文正以少司馬入都强之與偕不可得逮都城垂陷致書曰內有老母外即翁兄我思悠悠獨此而已其見重于文正若此子士昌字予乩穎悟博墳典棄舉子業隱于蕺山之陽讀書談道時而登高眺遠學者多就教焉子天祥天祺天祿能繩武且精繪事私淑吳興關九思暨陽陳洪綬兼諸家丘壑烟嵐鑄以性情不規規於尋常谿

徑而古人意無不備時人聞其名多爭購之

唐九經字敏一别號若耶樵者崇禎丁丑進士筮仕長洲令有惠政擢淮安府推官監蘇鎮軍事不踰時兵潰適御史王應昌按浙以督學入聞薦九經九經堅辭弗起應昌知不可奪遂已即額其廬曰貞不字歲當大祲斗米貫錢山寇蜚嘯宜大將軍將蔡兵薄城九經與秦大中丞書凡七上事乃止隨倡施賑晝以四隅治糜於大刹四鄉來食者計百日日滿六千人全活甚衆生平以拯困救急

釋怨解紛爲志事可獨運者陰行之否則謀於衆共挽之太常寺少卿金蘭常曰言足以致天地之和行足以造民人之福誠心實意終始不易斂一陰德格於彼蒼積善餘慶後嗣其必興也九經吟哦之暇即工書法所勤師子林藏石小楷埒於鍾王顏歐諸家世爭寶之年七十一旣没邑人追椀謚曰和節先生子炌貢生任嚴州訓導課士校文無懈表率媳鍾氏武選司主事國義女有賢德生孫十人健幼年遊庠麗繼洊中維俱勤於學兼順

定正俱冲齡九經之繩武貽謀克昌厥後於此可見一班云

何治仁字文治少志濂洛之學天性孝友樂施予居父母喪七日水漿不入口三年不茹葷生平口未嘗道人短手未嘗釋卷著史衡獨得古人深意著太平金鑑曰聖主致治平無以易也著易解傳綜象義極其旨趣善詩古文有鑄閣草消病集囈吟逸編年方强仕領歲薦即絶意仕進或勸之笑不答樂古虞西里山溪之勝挈妻子家焉學者稱

爲靖菴先生子嘉祐御史嘉禎德安郡丞

張杉字南士江右方伯一坤曾孫晉府長史鐩之孫也生而穎異一日五行俱下鐩與劉忠端公宗周講學於證人書院杉幼習聞其旨即大有解悟以闡明聖學爲己任平生操履端方笑言不苟一遵蕺山之教其於世務紛華澹然無所好自鐩亡後即棄舉子業絕意進取惟以詩賦自娛所著有麟堂集西征賦行世與兄梯弟楞互相倡和偕隱白魚潭曲四方知名之士無不願交車轍常盈門

榜楞皆早卒杉撫其遺孤一如已出教其子燧敦
文勵行勵文亦名重士林云

魏方舟字大方號直菴父陳丘公由歲貢倅于江
右多善政因解運全活人以萬計方舟生而穎異
八歲能屬文十三補弟子員與王正義劉北生兩
先生交甚善嘗相謂曰士不能以身報君父方寸
間當時存名節耳甲申鬭變遂奉親入山侍養之
暇惟閉戶著書以自娛有任懷問霞二集行於世
又念身爲人子宜諳醫理悉發岐雷諸書晝夜研

究父母俱無疾而壽終人咸稱道焉又工青囊術既塟二親及姊與弟凡戚屬之貧而孤不能具塟者俱爲買地瘞之康熙乙卯冬一日忽語諸子曰明年某月日當别爾輩去屆期惟洮手頮面仍以格言諄訓子若孫而已配李氏甚賢生三子長曰起任惠州同知有善政次曰焦次曰埕名著國雍克敦孝友諸孫一經傳舊無替家聲愈知方焕世德之所貽也

明沈景修字四如邑廩生隨入成均文行兼優聲

京國素爲大司成張侗初倪鴻寶先生所推重崇禎朝爲倪鴻寶薦舉擢用景修高尚不仕退歸林匯課子勤讀日以詩酒爲樂有鶺鴒集行世生平好善樂施開義學置學產鄉族士人俱利賴之一時名材碩彥多出其門如姪孫從龍登順治甲午孝廉至於采芹食餼者甚衆景修享年七旬有一無疾而終子三人長雲驤季雲鵬名列膠庠次子雲鳳任歸善邑丞孫植梧桐楠葦俱篤志詩書翩翩乎令器也

# 山陰縣志卷三十四

## 人物志十二

### 列女一

晉陸氏者張茂之妻也茂爲吳郡太守以討沈充遇害陸憤激傾家資率茂部曲討充先登殊死戰充敗陸乃詣闕謝茂不克之罪詔曰茂死妻忠舉門義烈遂與茂俱得褒錫

謝道韞王凝之妻聰識有才辯叔父安嘗奇之及遭孫恩之難舉措自若旣聞夫及諸子已爲賊所

害方命婢肩輿抽刃出門亂兵稍至手殺數人乃被獲外孫劉濤年數歲賊欲害之道韞曰事在王門何關他族必其如此寧先見殺恩雖毒虐爲之改容乃不害濤自爾嫠居會稽家中莫不嚴肅初同郡張元妹亦有才質適顧氏元每稱之以敵道韞有濟尼者游于二家或問之濟尼答曰王夫人神情散朗故有林下風氣顧家婦淸心玉映自是閨房之秀道韞所著詩賦誄頌並傳于世

梁 楊氏 張彪妻天水人散騎常侍楊皦之女有容貌

彪之兵敗還入若耶山中陳文帝遣章昭達領千兵重購之并圖楊比彪見殺昭達進軍迎楊拜稱文帝教迎爲家主楊便改啼爲笑但請殯葬彪旣畢還經彪宅謂昭達曰辛苦日久請暫過宅粧飾入屋遂割髮毀面哀哭慟絶誓不更行文帝聞之歎息遂許爲尼後陳武帝軍人求娶之楊投井決命時寒比出之垂死積火溫燎乃蘇復起投于火

彪見忠烈傳

元朱淑信失其夫名少寡誓不改適生一女名妙淨

以哭父喪明家貧歲凶凍餒瀕死母子以苦節自勵竟無他志邑人王士貴賢之娶其女

馮淑安字靜君武寧尹李如忠繼室也如忠先居平陽因祖宦遊寓越家素富饒妾媵二十餘人先娶探馬赤氏生子任繼娶馮生子仕伎至大二年如忠病篤謂淑安曰吾不復起矣將奈汝何淑安引刀斷髮誓不他適如忠歿東平之族聞之利其家資媵妾乃誘其子任率探馬赤氏黨罄其家欲奪其志淑安竟不渝有强之者輒爪面流血乃

鬻衣攢厝于邑之蕺山下廬墓哭泣鄰里不忍聞時淑安年甫二十七居越一十六年至二孤有立始奉如忠柩歸葬汶上留子仕奉祀東平攜仗還越以承祖祀且遠迎任卒完其節云元季有司上其事詔旌其門

潘妙圓者項里徐允讓之妻也生有慧質善讀書女誡列女傳不去手至正十九年妙圓年二十五適徐甫三月與其夫從舅避兵山谷間舅被執夫泣請代死遂殺其夫而釋其舅將辱妙圓妙圓紿

之曰吾夫既死暴露不忍也若能焚其尸即從汝
無憾矣兵信之共聚薪以燔火烈方熾妙圓且泣
且語遂投火中而死
韓氏張正蒙妻名儒韓性之女也正蒙時爲湖州
德清稅務提領以母喪廬墓南池至正十九年大
兵至正蒙母柩被發見而哀慟恐被執辱乃謂韓
氏曰吾爲國臣於義當死韓氏曰爾果能死于忠
吾必能死于節遂俱縊死其女池奴年十七泣曰
父母既死吾何以獨生亦投崖而死次女越奴晝

匿山中夜歸守屍被傷尋亦餓死趙經歷素聞正蒙名率衆瘞之

王氏徐愼妻宋少師忠八世孫貢甫之女也至正十九年兵至王氏被執義不受辱行十數里至邑之界塘宣橋赴水死

徐氏郁景文妻楊氏蔡彥謙妻居南池至正十九年越州被兵二婦俱被驅迫以行度不能脫乃紿兵曰願歸取衣服粧飾而後相從縱之返二婦遂相率投井死

張氏者王子純妻也生子彰甫二歲而子純歿婦誓不貳志力女紅以自給歿稱完節焉至正二十六年詔旌表之

聞氏者俞新之之妻也性篤孝年二十三歸俞凡六年而夫喪舅亦尋歿家貧聞鬻奩資以葬巳而父兄憐其少寡且貧欲奪其志氏斷髮自誓紡績養姑姑失明伏枕逾三載聞奉湯藥日夕嗽盥舐其目目復明後姑喪貧不能葬聞率子女躬負土營壙鄉閭爲之語曰欲學孝婦當問俞婦寡居三

十九年至正丁丑有司以狀聞詔旌節孝之門

明施氏張拱辰妻拱辰早卒施年方艾志誓不再辛苦織紝孝養舅姑有司奏其事下詔旌之

馬氏朱偉妻女名德眞家病疫舅與夫偕亡姑張氏亦病篤德眞艱苦侍姑姑愈母家欲奪其志斷指爲誓姑歿撫膺大慟翌日死

張氏錢伯顏妻子志中生甫晬而伯顏死家貧不能給饘粥張甘分艱苦力女紅以育其子人無閒言縣令張宣上其節有詔旌其門

俞圓恭姚彥艮妻也生子體原明年彥艮卒圓恭家甚貧勵苦操奉舅姑撫教體原體原賴慈教仕爲禮部員外郎備致孝養體原終以廉能稱而圓恭之賢節益顯知縣李祿受以事聞有詔旌其門

余氏孫華玉妻年二十五而華玉歿家貧子幼紡績自給終身苦操鄰婦雖甚密邇罕識其嬉笑容鄉人稱之無間言

田氏呂璁妻歸五月而璁卒貧屢不給織紝以養姑姑亡罄衣營葬居喪盡哀遠近聞之咸嘉其孝

節云

張氏金俊妻自幼莊重簡默甫歸金舅姑與夫相
繼而殁張年尚艾乃攜其孤依母家以居終身苦
操鄉稱完節焉成化初事聞有詔旌

錢氏張希勝妻名昇婉順有德年二十而希勝死
舅姑憫其幼寡欲使改適昇聞之遂自縊于室家
人覺而救之乃得甦舅姑卒不能强以終其志

俞貞廉王曇妻也幼時父母口授列女傳即能誦
記及歸曇恪修婦道曇亡時貞廉年方二十屏華

守素終其身舉族稱其操行

周妙清鄭谷林妻年十六嫁未踰歲而林亡居貧無子清苦自持年七十而卒

徐氏包慎妻歸七年而慎死無子同邑右族多方以利誘其姑及其夫之弟欲强娶之徐秃髮毁形以絶之既而知不免縊死

朱氏余亨妻亨死朱年二十三無子亨既葬辭墓慟絶遂投河而死

錢氏陳軾妻年二十六而軾亡子彝方五歲錢去

華餙甘自苦事舅姑盡婦禮孀居四十年其節孝爲鄉閭表著云

謝氏汪德聲妻年二十四而寡子幼姑老苦節自勵以儒業教其子鎡鎡竟以進士起家官至兵部郎中姑疾篤籲天求以身代成化間監司上其事有詔旌其門

錢貞潔者士人張旭妻年十八歸于張甫兩月而寡家貧以奩資易喪具遺腹生子永言服闋有勸其易志者遂引刀截髮以自誓事舅姑孝教永言

慈而嚴永言卒成儒業孀居五十餘年以壽終

孔氏張衡妻早寡衡從子遜娶錢氏遜亦夭歿二婦同心以勤苦相勵處一室守節踰四十年內外無間言時稱爲雙節六

戴氏陳週妻年二十五週亡子魁尚在腹舅姑憐其貧欲改嫁之戴泣曰生爲陳氏婦死爲陳氏鬼欲自裁舅姑不敢言卒以節終

趙氏胡燦妻年二十一燦卒無子母欲奪其志不從勤苦自存孀居四十餘年卒

孟玉輝者朱士忞之妻也歸士忞八年而寡氏哀慟幾絕終日居寢室步履不過中閾歷六十年恬淡茹苦百折不回有烈丈夫風有司奏而旌之

周氏年十九適汪欽欽及兄弟五人俱殀歿獨父湛與母在有盜夜譟入湛遇害明日氏哭曰貲不足惜何乃刃吾舅誓不與賊俱生匍匐控憲竟獲盜二十八人斬于市氏以孱弱婦乃能爲舅復讐君子賢之

丁氏宋如珪妻歸八年如珪卒時年二十六遺腹

生子茂保氏孝事其姑撫孤成立孀居六十五年
卒時年九十一
倪福淨年十七歸庠士胡詡越三載詡故無子福
淨號慟幾絕斷髮示志孀居六十年貞操凜如也
詡姪憲妻章氏妙貞年十七而歸憲踰年而寡亦
無子堅操無異于倪氏每向夫墓號泣有白鳥來
巢鄉人謂貞潔所感年八十五而終有司前後上
其事詔並旌之
祝氏諱淨青胡傈妻傈弱冠早亡淨青年二十一

不事膏沐敬事舅姑郡守洪珠因其志行玉潔特
誌賢節傳至嘉靖丁酉旌表門閭諭祭葬繼予瀹
奉祀

余氏趙容妻贅容未期而寡年十九矢志不渝屏
華甘素孀居三十餘年以貞操著于鄉

胡氏張衰妻年二十歸衰三載衰歿氏即誓夊不
貳歷四十餘年完節而夊事聞詔旌其門

王氏潘宋妻年十七歸宋未幾而宋卒氏守節貞
介雖姻族罕覯其面年五十患痞醫欲療之以鍼

氏以露胸爲辱固却之曰寧死不願治竟以是病卒

孫妙吉本農家女適吳善慶善慶死氏尚少無子持節不可易鄰邑有賄其叔祖小觀將奪嫁之氏聞有嫁期知不免紿之曰欲吾嫁但得供佛飯僧爲亡夫祈福始行耳小觀如其言氏沐浴更衣禮佛甚恭頃之走縊墓木而死小觀怒其紿巳且失利殘其尸覆葬于土一時聞者咸爲悲歎但其家甚微不能達諸有司

傅氏沈泫妻年二十八而泫卒撫遺腹子至于成立終日閉戶力女紅近屬私親罕覩其面郡守游與嘗旌䘏之

戴毓齡者建安尹肅之女將倫之妻早寡堅于守節旣老鄉人欲白其事氏輒止之曰婦人不再嫁常事耳何煩官府爲也尤爲鄉黨推服

丁阿姑貧家婦夫亡遺腹生一女母家欲改嫁之潛受聘乃紿之歸將適其所謀者阿姑覺躍入水中以救免衆懼遂返于故夫家終不能奪其志

嚴氏吳曇妻年十八歸曇越數歲而曇沒誓死無貳且以義方訓諸子曰汝輩不能自立未亡人何以見汝父于地下子顯成母志舉進士官刑部郎成化初豎坊旌之

孔淑貞者吳顯之妻宣聖五十九代孫女也生自曲阜長歸顯顯舉進士選刑部郎淑貞偕往京師甫二年顯卒于官淑貞焚香刲臂扶櫬南還舟抵濟寧凍合去父母家數里許父母哀其寡欲強留之淑貞固辭不登岸比至顯家闔戶毀容閨閫嚴

整苦節自終曲阜族人高其節爲之豎碑弘治間
詔旌
徐氏鄭翰卿妻儒家女幼曉大義適鄭門僅踰月
翰卿出遊山右十年不返徐獨奉舅姑極敬順姑
病劇籲天請代疾遂愈後翰卿歸旬日病卒及殮
畢泣曰吾鄉不忍死者以夫在耳今夫死未亡人
何以生爲遂絕粒七日而卒
孟氏祁鉉妻適鉉家甫數日鉉即病死氏年方十
九父憐其弱齡且無依欲諷之他歸氏閉戶號慟

將自盡其姑防之乃剪髮破鏡誓無貳志躬自績紡以養舅姑及舅歿家貧不能葬盡鬻衣服以完喪事茹苦含辛幾六十年貞操聞于鄉有司給匾獎之

濮閏英繆禹卿之妻年十七歸于繆甫二載禹卿病刲股救之不效竟歿氏以家故貧寠且無子或勸之更嫁氏嚴拒之誓以不貳卒以節著

沈氏陳溢妻年十八而歸溢甫十八日溢亡終身不踰閾限守六十餘年溢之從侄陳鋆妻沈氏亦

年十八而早寡苦志不貳鄉閭稱之曰陳氏雙節

趙氏周濡妻趙瑋之女歸濡六年而寡營葬傍築一壙或問之氏曰生與偕衾死當偕穴耳守節七十年壽九十三歲而終

何氏周英妻年十歲許聘未幾英患癩疾父母欲背盟逐前聘女聞之號泣不止父母誘之曰吾欲爲汝配佳壻耳氏泣曰夫之不幸女之不幸也曷敢貳志父母終不能奪卒歸英英竟以前疾死死氏堅操不踰守至七十餘年乃終

**鄭氏**徐文佩妻年十七歸文佩三年文佩病亟囑氏曰我死無可恃汝惟善事後人氏泣曰何出此不祥語也脫不幸俟季叔有子當求爲君嗣時文佩有弟文驊伊妻**童氏**彌月果生子氏亟抱以示其夫然已病篤不能言惟舌舐兒首遂卒明年文驊亦病危將死伊妻童氏年尚艾封臂肉與文驊訣遂偕鄭氏撫一遺孤無貳心郡守聞之榜其門曰雙節

**朱氏**周篪妻年十七歸于篪二十而寡家毀台嘗

家徒四壁舅姑皆老病氏操井臼以備甘旨鄉稱貞且孝者必曰周婦事聞于朝表其門

胡氏陳潤妻年十九而寡持操堅苦姻族有諷其更節者輙詈絶之家甚貧紡績達旦跡不踰戶閾嫠居七十四載九十三而卒

俞門周氏夫失其名年十九寡居矢守貞操皦皦享年七十餘歲葬于天樂鄉孝杖變竹成林週圍墳內自成化迄今數百年其蹟猶存

凌氏高貴珍妻貴珍疾凌年二十九清苦自勵歷

四十八年如一日尚書魏驥贊之曰其德也恒其志也明譬如雪中松栢火後琮珩雖經銷鑠剗飾之慘顧其光愈潔而操愈貞是誠無假乎朝廷之旌

〔汪氏〕高貴津妻年十九于歸未及期而貴津卒哭泣如不欲生苦節至七十一卒郡守洪公楷表其閭里

〔唐氏〕姚用粟妻正德戊辰進士姚鵬之子以苦讀早卒氏年廿七歲撫一子五孫俱成立壽至九十四歲嘉靖年間旌

孟氏胡墊妻墊嘉靖時處士純謹敦樸其先世祖系艾巷貢元世有令德至墊屢應試不售早年賫志而歿氏年甫十九無子繼伯氏子胡茂爲嗣教育成立苦志堅守事姑紡績以充甘旨竭盡孝養數十年親黨未聞其笑語青年苦節爲世所難郡大人旌其閭爲貞節之門越四世孫昇猷於
大清丁亥科成進士官江南參政亦天祐貞善之報云

金氏徐韓妻韓廣平通判欽之子食餼郡庠蚤卒無子猶子韞祥甫生八月金鞠育成就爲邑庠生

從孫慶妻尹氏二十四歲而寡撫孤應鳳勵操苦守俱以壽終

姚氏姚忠女年十六嫁朱縉縉父故權吏死而家益貧縉嗜酒失業閱四年并其妻自鬻于宦家將挈而之京妻覺之恚曰是將及我吾儒家也奈何令儒家女蒙嫌至此欲拒知不可及乃夜縫其裙袂以蔽體懷石沉河死諸生上其事于代巡謝公令表其宅而縉先以無家死表無所歸乃立碑于故沉所徐渭爲之記

沈氏朱雷妻無子子夫兄子廷瑞年至九十四而終其從曾孫朱應朱賡爲之傳

王氏馮吉妻孫景隆給事中以言被謫爲主事萬曆十一年旌

周氏包濟妻貧無子子從子梗黄洪憲云節必以貧而無子者爲第一周之植孤存祀深識遠謀有丈夫子所不及者是足風世矣

馮氏俞泮妻子丕妻錢氏孫廷用妻婁氏三世守節馮氏七十三卒錢五十卒俱萬曆十三年旌婁

二十五而寡五十卒

章氏劉岐妻適劉夫早卒生遺腹子宗周煢煢[illegible]守依外家以紡績供膳讀後子成進士爲理學[illegible]臣克成母志云

何氏庠生張孚妻都督何斌臣女年十六于歸二十四夫亡矢志守節事舅姑而課二子勵冰霜老五十餘年至七十八而終學道許給匾旌獎

徐氏監生陳樞妻給事中高鶴女樞亡氏年二十二歲悲號誓以死殉時舅姑老無他嗣樞所遺孤

又未及周父母諭以大義乃止食蔬服縞遇疾弗
醫舅姑既沒外侮紛起將不利于孤氏以身捍衛
備極艱苦哭三柩于堂撫一嬰于膝歡笑弗形閫
閾弗出孤子汝元仕至延綏行軍司馬享年八十
二歲萬曆年間旌

潘氏許三聘妻夫亡止十九歲撫遺腹子苦守終
身如一日至九十六歲天啓年間府縣俱有旌

徐氏儒士陳核妻夫歿二十二歲鬻簪珥以供姑
舅焚契券以保遺孤巡按成給貞操天植匾旌之

沈氏林大茂妻其夫愛樗蒱花柳經月不入内氏置不問後家業蕩盡氏處之怡然茂病氏拮据藥飲無頃刻離氏兄往省之茂目氏謂其兄曰余死無足慮弟念君妹無子隻身有煩清盼耳氏泣曰尚何顧我君弟先行妾即隨君逝矣乃盡鬻其衣飾器皿製二棺餘悉償夙債有一婢一僕亦檢文券付之曰俟吾柩出爾各寧家毋久苦爾也茂死殮畢即絕飲食跪柩側號泣者數日遂寢疾而歿時年二十四中城察院董順　大巡按孫鹽院傅發

銀三百兩同王貞女建祠江橋名曰貞烈祠至崇禎時順天府尹劉宗周爲之記

秦氏儒士陳大熙妻夫死誓志以守父母欲奪其志爲之擇配氏知卽自縊死會有旌表因無子嗣遂失所記

沈氏姚炣妻福保副憲龍川公之孫少有文名以不得志早卒氏號慟欲絕姑章氏撫之曰有三遺孤在將依汝以成立死將何以慰我老耶氏始强食治家井井事姑備極孝養課子孫讀書咸有聲

賛序閭鄉里稱之爲能以婦道兼子道以母道兼父道云

史氏庠生陳承榮妻稱未亡人三十餘年宗黨共稱其孝閭里咸誦其貞

章氏年十八適周志高踰年高歿氏事舅姑至孝伯氏迎養氏曰未亡人獨非子乎伯氏一子氏收襁褓教誨之處家極貧劉公宗周爲之傳有曰如周母者誠難之難者也時人以栢少君稱之後子崇禮拒寇以忠烈䘏賜祭建捐軀報國坊祀名宦

金氏儒士陳汝曄妻有表揚貞節之旌

汪氏庠生劉繼曾妻乃江西學使青湖公曾孫女年十九適劉甫六載夫亡守節而貧事姑以孝聞享年七十有六學使胡琳爲之記天啓四年巡按李以天植貞操旌焉

陳氏言應試妻娶未一月夫因渡水溺死氏抱厥痛暈急欲自縊親屬力護乃已俄有奸人豔其姿欲强污之即引刀自刺幾斃呈縣表揚

王氏胡亨奎妻明廉使胡敬春號圖南曾孫女夫死氏年二十五

家貧鄰族勸其再醮氏乃截指誓守紡績供姑針紉課子半飽延生積勞成疴喪明三載其子胡行晟日夜悲號朝夕焚禱忽一日夢神醫授藥雙目重明人皆駭異以爲孝感所致憲旌十都四品賞坊村人

陳氏儒士金士標妻矢志全貞孀居五十餘載旌

婁氏儒士陳大綺妻事翁姑大得歡心夫羸疾七載竟不起朝夕呼號禱祈聞者爲之拭淚喪殯稍豐絕不念懷娠三月有遺孤之望也時年二十夫故八月生子箴言方在襁褓族惡百計摧傷以宜

奪繼地氏防護寢處屢易其地甚至鳴官給照虐
燄稍緩貧不能自給紡績以教子壬午登賢書按
院學道特旌苦節
馬氏適經歷俞弘和爲繼室年二十一夫逝娠甫
七月後生男宗旦時前妻有遺孤二弟婦馮氏亦
早寡有遺孤一無論隆冬酷暑同紝織以撫諸孤
節義著聞崇禎十六年學憲黎公元寬按院蕭公奕
輔批允旌揚
趙氏高岡妻年十九歸岡越九年而岡卒家道衰

落茹苦服勤撫孤成立其翁名應科亦蚤卒姑李氏亦年二十八而寡趙旦侍姑食夜同姑寢李年七十七趙年六十八相繼逝世崇禎九年旌

錢氏儒士金有德妻年十八歸金二十三而孀生一女一子截髮務面矢志自誓刲股以療病姑茹茶食蓼克有全節子廷策以明經授知縣萬曆四十七年卒年五十二崇禎乙亥年按臺趙題旌有錢象坤倪元璐黄道周爲之傳

周氏高公懌妻年十六歸公懌二十而寡守貞五

十餘年嘉靖間旌

張氏經歷胡一言妻適胡二載而夫亡年止十九懷娠五月後生子拱樞手操紡績口授詩書後樞任北城兵馬副指揮以子貴封孫兆龍禮部右侍郎文淵閣學士孀居五十載享年七十六歲順治年間旌

陳氏庠生曹憲妻夫早年逝世氏二十五歲守節撫養二子成立業儒長國正次守正又相繼早亡長媳劉氏二十八歲守節次媳王氏二十九歲守

節三人守節治生課訓諸孤蜚聲黌序萬曆十五年郡守劉公庚給匾旌表額曰一門三節令其後裔皆克遵舊德云王季重爲之贊

孫氏趙嘉彥妻嘉彥進京歿于途氏聞報誓以歿殉絕食十四日而歿萬曆二十七年兩院移文建祠北小路衮忠祠後有春秋祀祠地計一畝九分

徐氏庠生祝汝棟妻康熙庚戌科進士祝弘坊之祖母年十八適汝棟二十四歲而寡產孤紹熊生甫墜地不敢絕食稍長勉之以學蚤列名膠序氏

能敬事舅姑享年六十餘崇禎年間旌有節孝集

倪文貞鴻寶爲之序

胡氏庠生茹光習妻性極孝年十三繼母疾篤終夜哀號封股調藥籲天求代年十八歸光習事翁姑克順克孝適翁染症甚不可藥永夜焚禱復封股以進病卽霍然一時士大夫播爲詩章稱孝女孝婦云崇禎間汪元兆上其事于兩臺給匾表其門姪茹鉉爲之傳

倪氏庠生余燦妻孝事舅姑脫簪珥佐夫讀二十

七歲而寡有子復早世教育三孫俱成立茹荼飲蘗四十餘年以壽終萬曆三十七年上臺有節孝之旌

曹氏太守曹謙之孫女適俞大逵爲妻父堯中訓子嚴切閉大逵于書室中非歲暮不令歸萬曆戊子省試不售父痛責之大逵亦慚悔嘔血死時曹氏年二十一有遺孤甫五月名希孟氏撫屍號慟慟必氣絕及甦姑曰爾死如孤何嗣是臨哭先以孤置其懷氏藉以不死撫子成人入太學嘗曰功

各自有定數奚須以苦讀殞命享年八十一歲以壽終

馮氏陳幼學妻順治巳亥庶常陳景仁之祖母萬曆年間幼學燕遊早世年甫二十五歲矢志茹檗撫七齡孤嘉瑞成立郡旌節比永霜嘉瑞妻顧氏克繼以孝刲股療姑又能課子登朝今誥贈宜人邑令旌以一門節孝云

徐氏巡檢葉文傑之妻夫歿有一子一女撫孤矢守足不踰閫親屬葉文秀貪其遺產威逼改醮婦

誓不移遂拴媒强搶婦料隻身不敵夜半身穿襖服針線密縫越牕而出投河溺死事聞撫按俱旌其門學道許遣官致祭

裘氏儒士王大杰妻孀居五十載享年八十九歲旌

陶氏庠生黃繼吉之妻侍奉翁姑最孝姑性嚴毅飲必口嘗食必手奉有嘉蔬必以供子六幼者二人氏親課之皆能成立翁黃練病痛爲醫者刀傷流血垂斃氏偕姒羅氏刲股以進病良已翌日醫

見之曰若服異藥耶凡劑不能療此葢冥冥若有相之者孫胤哲登丁酉鄉榜未仕

趙氏唐克信妻夫早亡青年矢志足不踰閫惟夙夜治女紅饍翁姑節孝之名播聞閭里生一子九經晝荻教嚴登崇禎丁丑科進士年七十二而終順治四年巡鹽御史王題建坊曰完節至孝

曾氏葉大器妻器敦倫好學以厄于秋闈抑鬱而亡氏年二十有九茹苦自甘朝夕紡績教養其子孀居五十餘年壽至八十有二又金氏葉大紫之

妻守節而終

〔裘氏〕龔邦柱妻年十六歸邦柱事公姑最孝越十年夫客歿閩中喪歸氏慟幾絕營夫葬即穴已墓于穴以歿矢誓親黨欲勸其改適究莫能奪遺孤甫九歲躬織紝撫之成立卒時年七十四守節五十年以長孫澍貴累贈夫人

〔謝氏〕國子生謝小東之女單禹圖之妻于歸四載夫亡止育一女氏母曰爾少寡無子何不爲終身計氏厲聲曰吾何患無嗣可擇而繼也後有譏言

汚耳者吾與母不相見矣遂不敢復言紝織五十六年至雞鳴方就枕終身不茹葷衣帛享年八十一歲卒時異香滿座

王氏庠生張燮元妻二十四歲夫亡無子堅貞守志紡績度日至七十三歲而卒又孀董氏儒士張珂芳妻二十五歲珂芳亡氏即欲自縊相殉因王氏勸免妯娌彼此砥礪苦節四十餘年至六十九歲而卒

吳氏庠生章文煥妻姑病疽刲股吮膿節孝堪嘉

旌

樊氏典史楊珽妻孀居四十七載享年六十九歲旌

王氏儒士包懋統妻節孝兩全孀居三十載卒府縣有旌

傅氏岳瀆村傅陽初女年十八單思明娶之逾年生一女思明以武功應選都司進京病殁氏年二十誓殁苦守家愈貧而操愈勵勁節三十餘年享年五十五歲

李氏陳大本妻本力學蚤亡氏年二十一歲誓志靡他奉老姑王氏孝養備至姑齒落不能噉食醫者曰得乳方瘳李氏貧無以購或云汝不育若服通草七星湯可得乳如法服之兩乳湩流朝夕哺姑人謂孝感所致按院旌曰節孝可嘉

何氏祁希達之妻青年苦節栢舟自矢年至七十歲而終

程氏庠生洪宗之女擇配陶生贅居氏年十七而父卒哀毀備至必欲與父同穴母再三强之始食

飦粥逾年而母病氏日夕禮拜北斗乞以巳壽益母聞人肉能起危疾則刲其左臂以進母食之愈越三年疾復大作則又刲其右臂以進及母氣將殞大哭失聲仆地母歿後未一月而卒

張氏儒士沈燮妻事舅姑至孝燮業儒以厄于小試遂鬱鬱歿氏年纔二十餘生一子艱苦百端撫之成立及娶婦生孫伊子又以病歿繼而孫又歿時姑亦孀居久姑媳煢煢相依然曲盡膳養姑享年八十而終氏竟無嗣不踰年亦歿歿後纔以旌

子繼邑人咸嘉其節孝焉

馬氏儒士劉晉嘯妻晉嘯遊秦淮歲餘而歿婦聞計一慟幾絕年纔二十餘無立錐之地偕其母寄居于伯氏破樓之上瘁十指以自給雖凍餓怡如也或至哀其苦而勸之轉適氏即大哭勸者駭走自是莫敢言居樓上不下梯者十餘年嘗以一五盆貯土足履其上人問其故曰以服土氣爾親族中餽遺不肯受曰未亡人何敢受人賜耶年七十五而終

張氏庠生陳至謙妻寺丞張汝懋之女侍御陳燧之媳適謙年二十三而卒生子錫琦甫七歲後乃課子遊庠且存心愷悌捨田數百以恤道殣鄉里欲呈三院候旌表氏亟止之曰鶩名非婦所宜年六十四歲卒

俞氏張問相妻事舅姑至孝姑病嘗刲股以進而病頓愈適夫疾篤氏念舅姑老非子在無以爲養日暮籲神願以身代氏果一夕身殞而夫疾漸差其誠孝格天里共傳之

王氏沈伯爕妻甫六歲締姻數年伯爕病癘手攣髮墜女父母蔣瑜姙時女方笄聞之問于父曰沈病始何日乎父不解其指曰初許時佳兒郎也後始病作耳女曰諱病求婚負在彼旣許而狹命也違命不祥父義其言卒歸之入門爕病已憊氏奉事無少怠居八年爕竟瘵死氏哭之甚哀爕無嫡兄弟子其從子應吉氏復出簪珥佐翁費買妾生子曰光五月而光生母死踰年姑舅繼殂惟一寡婦撫二幼兒鬻手而食有饔無飧二女長又爲資

遺誦讀子應吉遊庠光亦成立氏守節而終按院金具題建坊旌表

陳氏庠生張汝爲妻汝爲蚤世氏年廿四遽罹鞠凶而公姑年邁痛憶亡兒晝夜啼泣氏收淚承歡備修瀡問寢膳代供子職公姑稍安閭里稱孝膝下藐孤二子一女氏居常午夜一燈課女紡織課子讀書機杼書聲相間不輟後皆成立二子焜芳煜芳俱成進士而子壻商周初與焜芳崇禎戊辰同榜焜芳甫登第即具疏請旌奉旨建坊郡縣旌

閶生受褕翟壽至七十六歲時人以謂節孝之報

（祝氏）祝金陽之女孫太學生商周稷之婦二十八歲而寡事姑與庶姑曲盡孝養歷葬先人六柩雖破家不靳育一子遊庠而夭又教養孤孫成立孀居壽至七十七歲而終文宗張按院王俱嘗表揚

（金氏）劉梧妻蚤寡撫孤妓以節聞又能大起其家至七十一歲卒長孫重媳

（吳氏）夫亦蚤亡遺孤六八教養有成孝事舅姑背至耄耋沒後人稱節孝焉

朱氏胡世賢妻年十六歸胡舅蚤卒姑年老伊夫
專攻舉業凡甘旨之奉而讀之費俱氏脫簪珥勤
紡績以供及姑亡盡哀盡禮俄而夫病劇久侍湯
藥衣不解帶至八載而竟不起時年二十九兩女
俱幼長子禩祿幼子猶在腹中氏忍死治喪畢歸
外家獨居一小樓惟日夜女工以衣食遺孤教養
備至氷霜歷三十二年而卒上臺特疏建坊以旌
長子璿郡幕次子上達登丙午科鄉榜家世居賞
坊

周氏葉可受妻年二十六孀居事姑誠孝教子義方終身寢不解衣居不出戶郡守王公孫蘭以節孝旌焉年八十一無疾而終長子時泰仲子偉然俱克敦孝友至今子孫蕃衍稱孝弟者咸推其門

張氏葉啓益妻嘉興望族女也夫亡年少毀容截髮誓死靡他表弟王孝廉願供養終身決意不可負夫骸歸里甘茹荼終身焉侄婦王氏葉艮謨妻年二十于歸三日後夫病籲天願以身代二十日而夫亡悲慟幾絶孤苦餘生惟孝事舅姑而已繼

從侄天植爲子縣侯劉公特旌表之

胡氏阮雲鷺妻夫亡年二十餘歲無子家寒誓守不渝有叔雲礽敬嫂如母氏亦待叔及嬸親好無間言相助起家精勤至老如一日繼侄爲子愛如已出年七十一而終鄉鄰遠近莫不以賢婦稱之

朱氏雲崢公曾孫女年十九歸夫沈銓笵氏性柔婉事姑克孝夫患病危絕粒告天願以身代三年伉儷遽遭不幸終身茹素衣布勤儉肅雍賢聲溢中外撫二子五蔡五樂課讀有成人皆稱其節云

斯氏儒士張泰妻事翁姑以孝聞翁病割臂療治
以進病遂愈姑病亦然歸泰後止舉一雄遂染瘋
痛私念翁姑年高斷斯未繁又爲夫納一副室生
子以慰其心里人莫不稱之錢象坤誌其墓曰山
有時頹川有時竭如孺人之孝亘千年而不滅
商氏黄良翰妻翰系浣水五桂世家氏由巨族適
翰青年攻儒過瘁早逝氏甘五歲矢節孝事耄姑
刲股療疾躬維供爨撫幼孤有方傳經克繼父志
與族里共休戚皆母教也撫院范題請建坊旌表

高氏沈元肇妻年十九而寡奉姑循謹持節堅竣少言笑持長齋終身不旨色服母病割臂肉調藥救治訓子師範早歲遊庠遠近皆以節孝稱東浦

黃氏俞廷祿妻年二十柒歲夫死守志遺孤子女各一皆幼稚家貧紡績無間寒暑事舅姑以孝惟謹課子女克勤而嚴霜節四十三年壽屆古稀親族鄉黨欽仰共傳爲

學憲採風首舉表揚貞節信宇宙之完貞古今之全節也

宋氏儒士余崇禮妻年二十九夫殁長男際燦方幼次男際泰甫生二十四日氏食貧苦守歷遭變亂百折不磨居孀帷二十三載撫二子成立鄉里推爲女師康熙壬子總督劉公兆麒巡撫范公承謨俱有旌褒

吳氏都督周方藕妻明季登州城陷氏與夫失散時年二十九歲子襄緒生纔九月負之航海居遼陽身歷艱險二十餘年百折不回完節以歿康熙七年靖南王請于朝奉

旨旌表建坊于前梅村

董氏後軍都督朝儀女年十七適儒士陳之源未及一載夫故無子即謝粉黛堅志靡他以針黹自給茹荼苦節人皆賢之

錢氏張子和妻艾年夫歿勁節如冰霜勤儉治家教三子成立上臺旌曰姜孟流徽

沈氏儒士謝朝賓妻年二十夫歿生一子宗錫撫孤膳舅姑悉由紡績茹苦守貞歷六十餘載壽八十有二崇禎戊辰學憲許公豸旌之壬午守憲鄭

給匾旌表

諸氏適儒士許應遴遴病弱症氏竭服飾醫禱三年遴竟不育而卒矢志守節茹素衣布圖大士像旦夕頂禮祈祝舅姑自二十一歲至六十冰霜孝行如一日焉

李氏十三都六畠儒士周廷栻妻年二十九歲夫抱危疾祈以身代夫死欲殉矯冊以髮姑在堂幼子在懷喟然曰吾一人死姑與子俱死矣日夜勤紡績事姑極盡甘旨姑登上壽死之日無他語撫

氏曰願他日孫媳亦如爾之孝我則我瞑目矣三
學平沓契等以節孝聞
學院王　給匾額節對形管

# 山陰縣志卷第三十五

## 人物志十三

### 列女傳二 附貞女

明

倪氏王朝京妻朝京力學早亡氏年二十一歲堅氷霜四十餘載而卒子王鑾另有傳郡邑通詳題請俱于大啓五年勅令建坊

金氏置一陽妻一陽十歿家貧無子人爲金難之金曰諸事難守節易惟借叔顧我茹苦四十六年勁節出羣人咸歎服

錢氏庠生徐天球妻年甫十六歸徐半載值姑與夫俱病篤氏憂危莫措刃刺血書疏祈請身代隨刲股投劑以救姑及夫疾俱頓愈而氏命隨殞宗里哀之以其事聞各憲皆蒙旌獎

皇清胡氏字蕭邑庠生翁嘉胤胤贅居于胡及朞省覲京邸遂病卒氏年二十歲身在母門甫遺孤一月又殤氏毀容滅性數日不食父母以舅姑在邸多方慰之乃擇繼子立後母病跪天刲股暈絕復甦後訓子嚴切無間寒暑里人皆稱其節孝嫡兄有

昇猷順治丁亥進士

許氏鄖陽副將胡廷聘妻順治四年九月楚寇亂被掠氏罵賊呼天斷髮毀容抱石投于金魚河而死順治十三年正月鄖陽治院胡全才具題建坊旌表

陳氏郝氏王艮臣妻生子學信氏年二十六歲艮臣病歿遺子入週家無宿糧氏紡績爲生養子弱冠娶媳陳氏生孫方朞子又歿亡婆媳俱誓節堅守媳年四十八歲而終煢煢老婦年至九十餘順

治九年郡侯劉給扁雙節維風

倪氏生員茹芳妻年十七歸芳芳與營將譚其有隙譚挾兵擒芳芳遁遂掠妻倪氏及一子一女去氏與姑泣訣曰自有一死斷不貽清白玷譚窘辱逼脅羈鎖空房房臨麗公池氏舉針線密縫襦膝履抵暮越窗以出遂投池死翌日浮屍水面顏色如生衣皆紉密咸嘖歎曰烈哉此婦生不失身死不露體

徐氏周振公妻順治丙戌年大兵渡錢塘時越中

八十五歲坊旌

楊氏郡庠生國楨之女庠生劉宗祺之妻幼事父母及歸奉舅姑並以孝稱年二十五夫亡遺孤七歲家貧歲歉以糠粃作食日夜課其子益篤暨十餘年而子一龍遊于庠更三十餘年有孫五人長幼俱就學有文武才以壽終推官唐煜署縣事表氏貞節

謝氏庠生沈翼范妻年十八歸沈事舅姑以孝聞姑早逝幼叔幼姑俱撫之成立夫病殂生子甫週

號慟不欲生舅勸撫孤乃止課子最嚴子開治弱冠游庠苦節至七十餘年婦朱氏沈鼎范妻年十七歸未踰年夫病氏割股以療不愈竟無子痛絕復甦後抱親伯子五棠為子青年守節至白首如一呂二氏皆孝廉沈縉孫媳一門稱雙節焉

余氏趙玉良妻父夢得雁而生週歲侍父母羅物占其志獨手取列女傳年十歲有鄰婦將棄子他適乃藏利刃故為理髮竟截婦髮婦遂止氏歸趙之年夫即病歿生子閱月舅又老氏乃忍死以事

舅撫孤治紡績不怠夫之弟遺無妄災竟傾產授之使得脫自是家益貧然猶遣子就傅娶婦而卒

任氏孫一經妻年十六于歸一經以中府經歷建言不行遂罷歸而卒氏茹素縞衣終其身舅如濂州守亦卒於任貧不能返柩氏攜孤奔任所扶柩還葬即丈夫子不能及也孀居四十餘年課三子成立中揚任漳州知府季掄鄉貢士

劉氏庠生沈銘新妻能盡孝事舅姑及夫客遊粵東病卒氏朝暮悲啼親鄰聞之無不涕下止生一女

繼叔子爲子愛養愈于已出訓子女俱有禮法自二十餘歲甘茹茶飲蘖以終其身

張氏失振伯妻家貧婦精針黹勤紡績拮据以贍舅姑癸卯歲冬月有營兵薛姓者放營債見婦有姿色遂設謀誘振伯爲中保振伯愚果墮其術乙巳五月初七日因振伯逼書當妻文券券入手即來舁婦婦曰夫果賣我當與夫面訣給二卒去時旁晚勢迫婦飽乳其幼兒攜燈拜辭姑于門外束髮縫衣詣河邊以磚護其兒傍置燈遂赴水死

時年二十五也明晨屍浮水面停七日猶面色如
生
補周氏俞應衡妻適俞二載孀居誓守生遺腹子名
綸撫字勤劬晝夜紡績以奉公姑公姑嘗曰有媳
如是吾男雖死猶生矣後子綸弱冠遊庠里族公
舉歷蒙上臺給匾示旌年至八十四歲而終
陶氏沈明卿妻結褵半載明卿去世姻婭輩或有
他議氏則厲聲曰共姜柏舟讀之久矣復何言撫
一子完姻而卒苦節五十四載崇禎間山陰令鍾

震陽旌其門

包氏王汝華妻庠生包岱女十七于歸十九而寡家徒四壁紉衣爲生奉侍老姑至百歲復念無嗣有友姚允莊仗義擇族孩五歲撫養立繼苦節四十餘年以壽終

貞女傳 附

明諸娥父士吉洪武初爲糧長一貧生負所逋訴之郡守守庇之以語激怒守守大怒遂骫法論死并二子炳煥感罹焉娥時年八歲痛父及兄皆陷於

獄晝夜號哭思上書願以身代乃與舅氏陶山長同奔金陵上控時明初禁嚴有冤不得伸者令臥釘板方與勘問娥負極冤痛不能白竟以身輾轉其上上憫其情赦一兄送幼女還鄉一兄謫戍京衛娥以傷重而卒士民哀慕孝烈肖像配祀曹娥

袁妙善父子純沒于王事貲產豐給遺幼子一人宗黨利其貲者甚衆妙善方待年未字奮然願保其弟誓不適人且稍散其貲以安宗黨及弟娶婦俞氏妙善喜慶幾振其宗未幾弟亡俞氏又亡妙

善益勵初志綜緝家務不怠宗黨欲攘奪者籍籍妙善曰立後將自定擇袁氏同姓者一人非世次不可乃子其甥邦傑家業自是益饒邦傑生二子次成天順八年進士官御史

包孟貞許配高恩衰衣往弔誓不嫁年八十餘歲卒

王慕貞係三江所王子清女幼喜誦讀許字郡城劉志學劉故蕩子未室而客燕私一燕婦十餘年不返屢移書令氏他適父母欲從之氏堅執不可

後夫客死時貞年三十五矣父母議更字貞泣曰女既嫁名劉氏即爲劉氏鬼耳我夫雖死留有姑在姑雙目俱瞽隻居山谷中以貸乞度日世豈有聘媳二十餘年而不得媳一日之養者乎吾將歸養吾姑母不能强送之歸既拜其姑績紡採汲諸苦備歷見者莫不歎息淚下致格里中悍婦孝養七年姑没守墓半載忽有微疾即沐浴焚香端坐而化年四十二歲没時正夏氏尸香徹數里者累日而縣令楊親往祭奠後鹽院傳發銀建祠同沈

烈婦祀享里人劉宗周爲之記

朱氏南安司馬朱憲女幼許周南湖之子沔沔以母歿哀毀至疾歿氏聞卽素服告父母親往弔奠至喪次悲慟幾絕遂翦髮自矢敬拜公姑以示終身不渝後伯姒有娠生蜀郎卽育爲己子氏惟日事紡績足不出戶偶患疾爲延醫診脈輒辭曰夫未被吾手豈容他人近乎不許壽至七十一卒有司申撫按旌表冏卿周浩爲撰節孝傳

李氏卽孝子陸尚質之妻隆慶間海塘衝沒質父

爲巨潮所捲質躍入水中救父父活而質竟溺死

李氏時年十七尚未合巹聞質死誓不再字孤守終身至七旬而卒撫伯氏子夢吉繼血食其族繁衍

徐女許配同邑儒士趙應奎爲繼室天啓元年應奎客遊粤東未娶遘疾死女聞卽縞衣茹素哀痛在心憒瘁形色其明年應奎喪歸女告其父母過門祭奠撫棺慟絶嘔血幾死父母曲諭之矢死不從乃聽守志撫前妻子趙友善艱苦備嘗以有成立姑韓氏篤疾貧不能得醫藥節婦刲股籲天一

女愈自守節至今經歷三紀有餘衣被不完饘粥不給而冰霜之操老而彌厲崇禎癸未守憲鄭公瑄順治間御史葉公升皆首旌之

趙貞女名邃華舍村人幼好讀書善臨池其父家饒置粧甚麗許陶里俞某爲妻及笄夫病劇將易簣姑利其粧誡媒勿泄促令于歸貞女入門姑令一女子扮新郎拜花燭訖進房聞啼哭聲貞女不知也既而告以實即換服治殮事貞女哦詩七首有簫鼓未完鐃鼓震畫堂方掩孝堂開之句既而

趙與俞兩姓俱貧勸其再適不從寄受聘欲强娶
之貞女廉知手持一斧高呼曰有敢入吾室者不
論親疏即爲斧下鬼悉皆遁去自居一室以針指
度日不佞佛至五十歲出訓女蒙稍能糊口年六
十卒越入讚爲奇節
儒姐係張恭僖公諱景明曾孫女襁褓約婚于王
建中孫王耀基爲室未將大禮耀基病故儒姐聞
訃即喪服至門撫骸慟號幾死伊母百辭哀挽志
堅金石不移且夫家甚貧半菽不充而未字之女

終身守節越人以爲美談

周安貞許配王宗仁未成合巹聞夫訃音親往殯殮矢守不字服滿身故胞妹周恭貞許配庠生阮廷諭亦未成婚病故京邸柩回即往哭矢守俱係貢生周祖儀之女有雙貞集行世

趙女幼許配高惟艮順治甲午艮年十八以嘔血卒女長艮四歲聞訃往哭至不欲生女父母慰之終不可解未及期亦嘔血死士大夫共傳其事云

周張氏太學生王漢元配漢力學蚤世氏哀痛欲絕將以身殉已而歎曰幾誤矣如此藐諸孤何於是屏絕膏沐冰蘖自茹撫孤成立尤善理家濟以勤儉以故生產日殖晚出千緡建祠奉先又割田爲公產令子孫歲收所入爲族中設立義學并以恤孤寡之不給者孀居六十餘年言不出閫足不下堂終身如一日事聞有司屢旌其門迄今百禩閭里之誦述賢節者必首稱王節婦云

薛氏劉梅莊公果妻果年四十卒遺二子尚幼辜

從多謀不利者氏多方保護迄於成立以壽終司馬公棟嘗大書節壽匾張諸北堂都御史宗周爲之序

沈氏庠生劉炯繼配慈惠安和出於天性門以內有横逆者輙茹之不較晚年人呼爲老佛以子暹貴封太孺人

嚴氏庠生劉宗元繼配氏年二十七而夫亡子方八歲氏親供紡績延師訓子藉以成立年五十七歲孀居者三十載桂辛蘗苦靡有異焉

祝氏儒士桂軒公禕女禕夢曹大家至覺而占之
曰是女異日當有令名然難乎其爲耦也遂隱夢
不發七歲孝經成誦十二通女史內則十七適儒
士金大紳爲室時姑王氏性嚴毅氏奉事益謹雞
鳴問寢相大紳讀書燈自紡午夜則起瀹茗椀以
進且間諷曉牕風雨之句爲勗不六載大紳歿氏
年二十有三承誄之夕毀容絕粒號天自矢欲以
身殉姑百方泣諭弗釋乃命孤孫輅至前慟之曰
是三歲兒可惜汝一死從泉下其若後嗣何遂勉

進廩餼未經旬囘祿洊殃仰事俯育唯女紅是給

居平獨處一小樓非祭祀蒸嘗家人罕覩其面姑

卒氏襄大事無失其禮享年八十有六曾孫藺萬

曆戊午舉人天啓乙丑進士任婺源令入計疏請

旌表建坊扁曰恩褒貞節在大雲坊之西崇禎十

四年九月建立

潘氏庠生陳其才妻秉性淑慎其才之父泮母史

氏性嚴毅課子誦讀晝夜不輟其才病羸卒時氏

年二十六茹栢吞氷備嘗荼苦子士俊僅六齡教

之成立守節七十載猶及見其孫可畏舉進士年九十六而終　兩臺交重之今特疏題旌節孝實爲鄉閭表著

陶氏莊毅公諧姪女適儒士錢祚信爲室十七歲即寡居氏欲捐生因寡姑在堂未忍就死竭力承歡始終不渝至六十歲而終崇禎年旌表建坊名曰節孝立姪惠中爲嗣復罹天札媳周氏黄鵠與悲皎日靡他孀居相對兩世氷霜云

姚氏年十七歸庠生鍾化民化民曠達豪邁酣飲

不倦氏朝夕諷諫有古賢媛風化民年二十三卒氏年方二十一悲號欲絕服闋舅姑憫其無嗣隱勸改適卽嚴詞拒絕至閉門自經曰吾首可斷吾節不可易以故舅姑益憐之給田百畝氏曰吾止一身一婢費用幾何堅辭止受田三十畝每逢化民諱辰竭享致敬嗚呼悲號聞者泣下厝於居之南岸每登樓遠望輒爲掩淚欷歔惟恐舅姑見之增其嘆息化民兄化行念久厝未安擇地卜葬入城還日氏先期夢見化民云我於某日別矣夢覺

語人疑信參半化行歸言及與氏夢相符其志氣寘乎如此享年八十有四及卒化行子五人凡忌日展墓均派值祭極其誠敬亦氏孝義有以致之也後與化民合葬于郡城西北之史家灣

何氏吳與學妻庠生何貫之女氏生九月父即見背年四歲父又逝世撫養於祖母胡氏迨至十七又喪祖母氏哀痛盡禮三年夫從舅旅食京師氏二十四歲孀居又一年舅歿姑袁氏夙病臥床氏侍湯藥不離割股籲天親事針線以供菽水奉姑

餘年宗戚共推爲節孝云

沈氏年十六適庠生趙志英相夫肄業夫抱疾伏枕經年猶不廢誦讀聲氏二十八歲守節至八十七歲上事舅姑下撫孤兒今諸孫繩繩未艾云

金氏宣玉妻玉卒氏年二十一生遺腹子元仁時居於薊家貧遭難夫弟襄理勸氏改適氏號呼悲慟唯死自誓紡績以奉孀姑其母家與氏逼居母恤氏艾年苦守欲易其志氏終不從茹荼三十餘載襄理事嫂彌謹亦不析爨里中咸稱其節義

王氏太常寺少卿金蘭元配秉性柔貞夙嫺姆訓
事無大小悉禀命於姑鄭氏罔敢自專尤勤女紅
毎至丙夜不敢少怠祖姑王氏寢疾浹旬親侍湯
藥衣不解帶及卒氏號慟倍切時値溽暑炎氣薰
蒸不十日竟染疾相繼逝世年止二十八勑贈孺
人生二子樞七歲機五歲後俱遊邑庠繼室吳氏
淑愼有儀無忝婦道待諸姪完其婚配分産授田
三黨有貧乏者悉爲周邮値歲災荒施粥給纊秉
性儉素恆服布衣茹齋繡佛始終不倦嘗語諸孫

日汝輩唯不忘祖德立心忠厚勉爲善人可也享年七十有四敕封孺人生子權庠生

倪氏蔡引翼之妻懼自冤追及自沉於湖門村紫陽菴側之潴俱莫之知有來訊者曰螺髻淡衣隱躍水中與波流上下屹然不仆引翼往視洽知爲氏知縣李會旌之以額湖門村西馬氏被兵强拉馬上投下馬者數次以堅執不從倒曳馬身行數里而就斃

王氏太學生陳雲將妻家故世胄相尚奢華氏獨

佐夫以文學一試監元不第蚤世氏食蘖飲水三十年教子柿柞其經書皆口授指畫爲文章皆有法度可觀柿柞弱冠遊京華王侯交重之得迎母於江東終養氏歿柿柞乃領貴州鄉薦第三尹望江有惠政待補中書實尤能教學之功爲多云

張氏名觀姑性至孝幼奉曹娥像日夕禮拜適儒士薛化龍相敬如賓子景運誨以詩書孝悌氏千里赴父喪一慟而絶景運承母氏教母病危篤刲股者再遂獲痊及父疾親侍湯藥亦復割臂願以

身代父即愈孝德所感貫于蒼旻性尤樂善好施士林稱之

張氏吳達德子霈妻也氏八歲父行九語氏觀戲氏辭曰女觀戲乎戲觀女乎父奇之年二十四適霈成姻止七十日即赴遼左幕竟不返人傳霈沒氏私飲泣不出聲恐增舅姑悲氏母謂氏家貧當改節氏泣曰命也必欲强以非義唯有死耳霈兄晉身任氏饘粥氏克遂其志年六十八而卒

陶氏貞齡女適中丞徐如翰子廷玠事舅姑至孝

逮下以慈於戚族尤盡周恤之誼媳張氏元竹女
曾孫母姑病不起氏目不交睫日夕侍左右封股
以進病遂愈人咸謂孝思所感孫媳張氏亦孝聞
親族卒銘其旌曰貞順徐氏一門三世俱以孝著
陳氏吳令完初女年十六歸庠生張塵芳姑林氏
雙目失明艱於步履氏三十年不離床笫旣而塵
芳卒氏嘔血絕而復甦曰吾一夂了未亡事足矣
如姑何遂忍冰蘖誓與姑存後姑獲考終氏號泣
病歿子三人襄定亥俱敦孝行能世其德云

李氏庠生劉瀠貳室嫡徐氏止遺一子校方在襁褓氏殫精悉力撫育孤兒按膝燃火抱懷爨竈連產二子淹而不育曰吾懼有貳心也與瀠慇勤懇至備盡艱辛大振家聲校食餼邑庠所歷後先六世壽至百歲猶能步起拜迎孫廩生燕篤於孝思繪其喜像以識不忘

皇清鄭氏虞室妻室正直無二色氏敬順盡誠事嚴姑曲殫婦儀課子敬賢敬道令其恪敦孝友氏存心慈和待婢僕無異兒女五旬長齋奉佛壽七十五

瞑目後聞子孫哭聲復甦曰弗亂吾性宜各念佛
送吾西歸（屠氏）敬道妻敬道任尤溪令十載娶妾
送若自留事親繼兩姑各極誠敬善體其志無間
言嚴訓兩子相卿躬針刺伴晚課不率教即涕泣
不食爲三廣子婚聘待之如已出性好惟勤儉廣
施捨傾鬻簪珥以周三黨之貧乏至育嬰賑獄掩
埋爲救生恤孤大事炊粥縫衣迄老且病不倦臨
訣語子孫曰吾幼推命享年止三十餘今已周花
甲子孫繩繩俱從惜福所積後人切勿奢侈損福

壽每念讀書人惜廉耻或有親老無棺者愁苦莫告吾銖積三百金向存典願汝輩繼吾志貿賣爍木貯公所聽讀書人爲老親賒用其秉心仁厚類如此分守寧紹台道王公廷璧批縣詳善行日他人俱妻從夫顯在敬道獨夫以妻榮謂之火裏青蓮可也至建石屋佛閣修塘造普同塔猶其餘善云

〔金氏〕石潭名族適庠生趙自成自成入北雍聲籍都門壬午以禮經中副車卒于京氏先數月會

蓼自成歸曰吾病矣欷歔如永訣狀比訃至哀慟隕絕誓以身殉因舅姑在堂勉以撫孤爲重拔淚苦守奉　一親極孝疾篤至刲股授糜朝夕虔禱課督二子嚴肅不啻外傅及年逝古稀猶躬操作組紝未嘗少懈守節四十餘年而卒閩督姚啓聖太史毛奇齡俱爲之作傳長子容以軍功授左都督次子寧長汀令有循績授郡丞

傅氏　太僕卿玉粱公女適儒士柴明盛早喪氏年甫二十而家甚困悴志切松筠上事耄耋之姑務

紡績以供甘旨下撫藐諸之孤時篝燈以勤課讀子應時名列郡庠曾孫輩繩繩玉立莫非淑德所致云

袁氏儒士張志遂妻志遂爲受菴公從弟早喪氏年十九孀居遺孤士奇僅五閱月或欲奪其志輙慟哭引决與母周氏同居歷四十載壽至七十有九御史祖公建明雷公學謙傳公世舟張公中元俱贈額旌之孫夢日文錦俱列仕籍

何氏守櫱女甫及笄即喪父毀不欲生幾絕粒母

阮氏持泣慰諭姑進笄適儒士徐慎爲室氏二十三歲慎卒時嫠姑婁氏在堂孝養無間紡績以奉甘旨子有德甫三齡守節撫孤誓死靡他教養兼至藉以成立享年六十九歲孫燦郡庠生有文名

倪氏郡守贈尚書倪涑女文正公元璐嫡姊也幼即穎異涑奇愛之著女孝經爲之講解氏旁通其意年十八適太學生胡圻圻謁選至京卒氏聞訃以頭觸柱流血號慟欲殉文正公泣解之曰古人云死易立孤難姊有子撫之長吾女配之氏憬然

收淚以謝苦志成家訓子鎬必以經史年四十疾作鎬跪進湯藥氏仰天呼曰吾昔不死者以汝幼今旣成立不墜家聲足矣復何求哉不藥而卒都御史劉宗周採輿論謚曰貞節孫四人俱能文濬食餼郡庠尤有聲於時

魯氏年十七適孫萬化甫三歲而寡無所出立志守節誓不再適勤苦紡績事舅姑曲盡孝敬三十載如一日享年五旬鄉黨宗族俱稱之曰節孝

傅氏儒士王三重繼妻結褵一載夫卒氏年十九

矢志堅貞孝養舅姑至六十一歲而終止生一遺
腹女值母疾籲天割股適經歷陳克先克生好行
其德鄉人賢之

陸氏謝啓文妻啓文早卒氏年二十有九妾朱氏
年二十有七共堅貞守節奉侍後姑極其純孝陸
氏享年八十四歲朱氏享年七十九歲里人稱曰
一門雙節

夏氏周燮儀妻年二十四燮儀卒守節遺一女舅
姑相繼歿煢煢孤嫠其母欲令更適志益堅女尋

歿撫猶子以爲後歷四十年如一日戚里無間言

沈氏儒士胡焜妻年二十八夫亡家貧矢志持齋放生施建寺院宗黨欽其苦節當事給匾子重應奇應超應嘉俱列名成均

王六姑文麓女適儒士馮光煒年十七夫亡守志家貧無嗣兄啓文爲之贍養身勿出戶不苟言笑壽至七十一而卒

曹氏庠生曹九鼎女文學陳應魁妻應魁患篤疾三載爲之多方調理晝夜無倦及卒氏年十八矢

志栢舟遺一子秀彥尚在襁褓撫育備至稍長訓嚴畫荻不減歐母遂得蜚聲黌序以文名著時公姑年邁承奉唯謹氏年踰六旬諸孫林立御史張公詹公獎爲操凛氷霜邑侯高登先旌曰節孝維風

**錢氏**

儒士何嘉仍妻賦性嚴靜嗜閱閨訓貞女列傳諸書年二十于歸勸嘉仍負笈就外傳甫四載嘉仍卒氏投繯者三姑救之諭以大義故不死遂黜膏沐絕言笑聲家貧以紡績承甘旨必虔迨舅姑疾卧床蓐侍寢嘗藥衣不解帶者數月相繼逝

世哀毀如士喪禮深居一室非遇歲時大事足不踰戶限值兵燹避深谷挾利刃自衛以誓必死守節三十八年詳請侯旌

俞氏武選司意之孫女庠生胡琛妻琛爲王思任門下士好學攻苦嘔血而逝氏遂矢節氷霜舅崇賓以明經理太湖縣事年已老髦氏脩瀡必親舅老而彌健皆其孝養所致教子燦嚴毅有法享年五十七歲太僕卿琳採族議謚曰節孝孫二人長孫夢得郡庠生

商氏有淑德幼請內則年十九適儒士黃良翰從舅姑客居天津家貧氏以紡績助朝夕未幾舅疾篤姑病繼作刲股籲禱病終不起至七載而夫卒截髮斷食念子甫二齡决志成家益勤織紝扶櫬歸葬因子有芳任垣曲縣令

敕封孺人康熙十二年具題建坊於跨湖橋西有芳蒞任未期念母年高陳情終養母節子孝輿論稱焉

魯氏年十七適郡庠生胡清清篤信好學嘔血而

李氏年二十二欲以身殉其季父太史桌解之曰舅姑老耄子僅弱齡汝死誰爲撫字氏唯唯恪秉家政仰事俯育孝養備至訓子義方享年六十五歲廣常德升省親旋里採胡魯兩家之議題其藏曰節孝魯氏胡母之墓子森孫士奇元奇俱有聲於成均云

薛氏文學陳允正妻年二十八守節教子聿登太學未幾子若媳相繼夭亡撫育兩孫及授室而次孫復夭孫婦全氏甫十八克嗣祖姑志儀先貞操

繼伯子宗鼎爲後茹荼食淡事祖姑甚謹訓子以
嚴無懈節孝共從妹爲堂姊姒亦二十歲喪偶守
貞完潔如其姊氏宗族姻黨咸稱爲一門三節云
周氏庠生黄懋齡妻舅病值嚴寒雖堅冰積雪晝
夜不懈及病篤絶藥不飲氏泣勸跽進舅每稱爲
賢婦事嫡姑嚴氏庶姑王氏曲意承順俾各歡娱
後姑疾又當酷暑飲食必親哺仰天祈祝願以身
代姑亡泣血毁形宗黨稱爲純孝當事給匾旌獎
子寧方庠生詩文爲士大夫所推重定方國學生

〈王氏〉夏思忠妻德性幽貞夙嫺內則善事舅姑絕無違言媳程氏承顏悅志因姑疾刲股籲禱衣不解帶者旬日病遂獲痊姻黨欽其孝行及卒氏號慟絕而復甦子戴英任天柱令有廉名民尸祝之孫泰杲訓導泰果州同

〈龔氏〉庠生王錫綦繼室未幾而夫沒無子撫庶孤天眷倍憐愛之族中有不逞者覬其產居逼其宿負復欲陰利所有內訌外搆幾與傾巢攻子之禍氏多方保護夫祀獲存猶侵侮不巳氏憤恚曰彼

覩吾孤寡爲几上肉耳祖業之未復何以報夫子於地下遂徧愬各憲並直其事夫有異母弟錫懋少孤氏撫之成人以禮畢姻至若家廟蘋蘩親戚饋問誠信豐腆悉禀高祖母王節婦規訓其孤曰我欲勉效節母未知汝他日能上繩先人否辭旨悽惻勿意焚婺當戶必繼力疾賫志蚤亡苦節不幸宗黨共爲傷之

王氏胡懋賞妻於歸未久懋賞卒家甚十袁氏苦節五十餘年事姑婢最孝勤紡績以供甘旨貞心

峻節歷久彌堅教子義方聲庠黌序人咸以女中丈夫稱之

丁氏胡明試妻入贅僅一年餘卽卒氏年二十家無立錐無所歸守節母家自誓靡他治女紅給衣食茶苦自甘終其身不變子德隆殀亡氏年七十九歲

龐氏胡德隆妻德隆家貧娶氏於外祖母家未及二載德隆卒氏二十四歲閉戸毁容言笑不苟足跡不履公堂姑疾籲天割股療之鄉里稱爲節孝

云

倪氏年十五適毓秀十四年而毓秀卒生一女方七齡屏朱鉛持齋素自翁寓薊丘父子俱客死乃扶翁及夫櫬歸茔霜操栢節久而彌肅女適運判施堯佐迎養盡孝郡侯張三異聞而旌之□表揚貞節

胡氏敏慧知書夫朱姓軼其名家貧失業氏甘心焉夫爲友保償債友寔武人利其婦姿艾日夜需索弗勝箠楚不得已折券相從氏曰妾身君之身

也今屬他人豈義乎夜半密紉其衣襦抱石沉于望江樓之河濟時年二十三歲

潘氏胡奇炫繼室年二十五寡居甘苦備歷撫養一子啓賢凛凛節操至六十五而卒子早亡媳周氏年二十餘亦早寡甘貧守節撫子大生浩生宗黨翕然稱之嫡姪庠生士章有文名

繆氏陳茂銓妻茂銓卒氏年二十三歲苦節守貞撫育遺孤起汝者四十年

王氏大倫女幼失恃鞠于祖母蔣年十九適余值

事孀姑以禮妯娌無閒言位多漫遊客歿無子凡
甫二十八美姿貌里中有欲委禽者氷蘖自矢不
奪其志壽五十六稱完節云

魯氏庠生王大祐妻年二十八孀居二子俱幼氏
貧紡績度日性嚴毅課兒讀書雖成立不廢夏楚
郡邑給匾旌其貞操子元杰康熙丙午武孝廉

石氏年十六適處士陳蕊蕊家貧又有風疾氏侍
疾十餘年操紡績以供藥食而蕊竟以疾卒時氏
年二十八子文俊六歲文秀三歲女二人皆訓之

以義苦節終身享年九十有五二子成立以孝聞孫堯宰食餼郡庠曾孫弘訓成童補弟子員俱有聲于時

陶氏 望齡孫女儒士茹明卿妻甫八月而明卿亡時年十八矢志栢舟有勸之再適者蹴艴然改容鞠育繼子多方愛護中年家勢漸落操作靡間至丙夜猶聞絡緯聲享年七十有二姪鎡爲之傳

馮氏 庠生金芝之繼室芝攻經史積勞以歿氏年十八無子立姪庠生柦爲嗣守節不渝七十二歲而

終姪孫煜謚以節貞

徐氏胡伯正妻伯正慷慨好義氏孝姑敬夫黽勉贊襄老而彌篤伯正卒茹蘗飲氷教子義方年七十二臨訣出一篋示子孫曰我爲胡氏婦五十年此三百金生平勤苦所積可爲祖宗置祠田以贍族人子宮宣恪遵母訓無失清白吏所在盜息民安因軍功加秩至一品氏兩受

敕封世共推其節義云

何氏錦衣衛指揮使朱壽宜副室順治五年土寇

擾白洋村氏年甫三十歲恐辱身遂溺于河壽官謚以正存而爲之誄曰勤儉端淑與同患難遭家不造寇盜偪臨守義不屈抱石捐軀當茲顛覆爾獨此能死既得正爾祀永存

朱文姐名菊秋年十五歲順治五年土賊擾倪家鋪菊秋懼爲所污投池而死後三日屍浮于水顏色如生陽羨徐徵麟爲立貞女傳

朱氏年十八適陶姓陶贅於朱八日即隨媚戚張焜芳之任未至而焜芳罹難陶不知所終氏之父

母舅姑俱蚤亡煢煢無依茹齋誦經苦節終身里人有入月絲蘿百年松栢之譽

〔童氏〕適儒士何天如恪事孀姑孝養備至與夫姊同居茹苦含辛無一間言天如卒于京師氏即長齋禮佛守志不踰撫庶子如已出教養光篤族人咸嘉其節孝云

〔陶氏〕叅議馬維陞繼配賢而有德事舅姑以孝聞無子撫庶生如已出宗黨無閒言二女淑祉淑禧皆婉嫕有志操長適同邑太常金蘭次子文學機

敦孝行能詩文著作多行于世即進士煜母也孫女文妍因父時英有疾瀕危割股者四對天籲禱時尚未于歸後適儒士汪銓人謂壼教有自云氏累封恭人年七十卒鄉里至今稱其賢不衰

田氏李涵春妻涵春病氏恪奉湯藥焚香籲天願以身代及卒哀號不輟聞者皆爲感動孀居數十載艱苦備嘗子基敬遵母訓得遊庠序舅姑有疾氏湯藥親嘗衣不解帶迨終哀痛尤切五十九歲病劇術者謂壽數止此後享年七旬有一人以爲

節之報葢不爽云

〔楊氏〕十九歲適陳有栻有栻早歿氏守節止遺一孤之炳僅九齡紡績自給更奉舅姑以孝數十餘年其苦節無間終始宗黨賢之

〔趙氏〕陳承妻承早卒氏年三十妾翁氏十九歲同紡績度日辛勤勿懈翁氏無子宗人欲奪其志乃艱守矢志卒不能移苦節六十餘年更爲世所罕覯云

〔詹氏〕幼事二親即以孝聞長適李大紳敬奉舅姑

姑殁事舅尤謹大紳蚤卒所遺孤子期德氏訓以
義方卽遊庠
徐氏儒士茅伯瀚妻二十七歲寡居撫養遺腹子
應祚紡績教誨入郡庠郡丞吳勉旌之曰人倫永
節邑侯常芳旌之曰苦志氷操
謝氏儒士陳廷傑妻廷傑卒氏年二十一子嬪甫
二齡氏紡績奉姑教子詩書布政司徐公爲卿給
以匾曰褒崇節壽氏于康熙三年逝世年八旬嬪
奉母至孝入杭州郡庠

陳氏錢士玗妻生一子岳岳年十歲士玗卒氏撫岳暨成立而岳又歿氏嘔且數升絶久復甦氏性仁慈比閭族黨有貧乏者濟之捐貲建蓮修菴茹齋禮佛苦志守節三十八年猶如一日云

周氏儒士錢岳妻及笄于歸越一載岳卒氏號泣幾絶誓與俱歿因姑年耄無依繼姪邦基爲嗣朝夕事姑以孝聞于鄉黨守志甚嚴足不踰閾者四十載無疾而終

余氏胥日京妻氏年二十三日京卒遺一子肅週

歲孀居守節易粟撫孤亨年八旬有一

〔徐氏〕章啟燧妻啟燧年十八刲股療父父病獲痊氏年一紀啟燧卒止遺腹子振彥苦守存孤得以成立夫婦節孝松江郡丞朱用礪爲之傳

〔祁氏〕章啟美妻氏年二十七啟美卒子振達甫五歲氏矢志氷霜艱苦備歷爲能守貞以存孤云

〔章氏〕赤璋女適胡一安爲妻氏年二十三而一安卒遺腹一子家貧守節操比松栢焉

〔徐氏〕章啟煬妻姑疾曲盡孝道刲臂救之二十二

歲啓𤓰卒子思賢甫七齡氏勤於紡績守志撫孤

無媿節孝

〔王氏〕胡七十妻年十六于歸未及三載七十客於

途病卒氏紡績以奉舅姑苦節四十餘載

〔胡氏〕庠生錢士球妻士球早亾無嗣繼姪華爲子

撫養備至華年十六即遊黌序氏周給宗黨適親

族有兩大重案動關性命排難解紛不惜數百金

救之享年七旬卒之日適赴雲棲水陸道場歸即

沐浴更衣從容安坐而卒

談氏厲大縉妻年十九大縉卒紡績度日所生子美訓以忠孝美任淇縣知縣不甘從逆竟殉于難

毛氏庠生孔亂偉妻結褵四載亂偉卒氏年二十有三時姑年六旬孤兒又在襁褓家無儋粟復遭火災至于露處氏歎曰未亡人欲完此生事奚難卽死然老姑致餒非孝孤兒無依非慈以此衡彼未亡人又何敢遽死拮据經營事姑盡孝子典周恪承母誨筮仕吉川年至七旬餘

吳氏儒士王資詢妻于歸五載僅育一子自趕氏

年二十五貧詢辛勤緝績茹荼苦蓬首垢面咲語不苟者四十載自甦事母孝敬能以文章名世云

胡氏傅廷謨妻氏與廷謨事繼姑極其誠孝年二十八廷謨卒守貞矢志而子尚在襁褓撫育成人性尤樂善好施茹齋繡佛創建諸侯港晩年清修於勝慧菴

張氏孝廉奚次女十歲從其祖應爵宦于山左未嘗以富貴之氣驕矜於色內外以古淑女稱之及笄適庠生倪尚鵬事姑孝相夫敬納簉七載生四

子一女尚鵬好學早卒氏年二十四哀毀骨立幾不獨生繼而復潸然自念門煢煢老姑嗷嗷孤子此九原之遺恨古云輕生易就義難未亡人敢不飲血含辛庶夫子稍瞑目於地下也艱苦悉嘗事姑教子夜則紡紗晝則畫荻值歲凶萑遍野大族盡爲所刦而氏室獨無恙年踰七旬長孫環能食舊德著名于世云

俞氏諱勤和妻嫁未一載勤和卒氏年十七膳養舅姑撫伯氏子爲嗣自襁褓以至授室悉中於禮

後其子遠遊未歸孫又病廢晚年病苦愈甚姑媳相依中宵紡績寧受饑寒未嘗罔貸於人年七十有八自幼至耄人未見其遽容疾語宗黨賢之

胡氏郡庠生孟昌女自幼通翰墨以孝聞年十九歸沈世法九年而世法歿遺子女各一氏欲以身相殉投環者再時舅在堂遂斷肉食勤織絍以充甘旨年五十有六臨訣召親族曰予守身三十載今幸免失墜可以見夫子於九泉矣子亮功有治劇才登仕籍

胡氏年十六適庠生姜承勳事舅姑以孝越二載承勳卒氏誓不欲生舅姑諭以立後事大撫嫡姪之琳爲嗣視如已出訓以義方卒有令名氏茹荼飲蘗壽六十歲縣表節孝嫡姪之琦康熙壬子舉人壬戌進士

徐氏儒士金大經妻事姑至孝姑久病淋其扶掖滌穢污必躬親之年二十八大經卒氏茹淡洗華形色憔瘁然對姑必歡容嘗曰婦佐夫子以事姑婞今夫死姑心傷矣婦不竭力承顏色供甘旨姑

心益傷是不可以爲婦孤子三人應斗輩方當提抱撫字極其慈婉不施夏楚恐拂姑意及姑歿義方訓廸不少寬假六十年中氷蘖自矢言笑不苟康熙元年學憲胡公尚衡郡侯吳公之樞旌以節孝氏屬纊時孫鼎瑋鼎珮輩乞遺言答曰做好人使人皆賢之足報我矣卒年九十六殮後三日顏色如生宗黨異之太史陳景仁爲之傳鼎瑋郡庠生博綜羣籍有文名評騭丹黄海内奉爲斗杓云

朱氏年十六適儒士胡世賢家徒四壁鬻衣飾勤

紡績以供孀姑姑歿拮据經營克襄喪禮二十九歲世賢卒子璿甫五齡上達尚在腹中氏守節堅貞蠶織易粟以撫遺孤教之成立茹齋繡佛疾革謂二子曰吾今可報爾父矣語畢而逝享年六旬有一康熙十九年建坊旌表璿授府幕上達丙午鄉薦歷任延綏鎮遊擊篤于孝思語及母氏未嘗不流涕云

魯氏廩生金樞妻樞力行善事崇禎辛巳春雨雪纏綿餓莩載道獨爲施賑粥績之外繼以藥餌復

平價出糶周濟窮黎卒後三日適同里胡鏡病中
遘見一宫殿樞峩冠博帶坐於善人堂謂鏡曰寄
言世人莫謂無報善惡昭昭在自陳簿上纖悉不
能逃吾今已得樂地也時氏年二十八號慟悲哀
幾不欲生子焯甫六齡又舉遺腹子烺鞠育教誨
冰霜自勵守節至三十一載而卒二子列名黌序
孫九人埈壇臺皆遊庠圻入太學曾孫五人
薛氏鴻臚卿諫女年十七適張給事博之子紹墀
甫匝歲紹墀卒氏誓天守貞撫猶子期綜爲嗣期

綜亦早亡婦陶氏矢死靡他孝養孀姑里人稱爲雙節孫名融弱冠遊庠樂善好施陶氏先卒壽六旬薛氏八十有六曾孫三人元孫十人皆有聲藝林云

魯氏年十九適儒士張師栻甫二十四而師栻卒止一幼女紡績以供饘粥享年八十八歲

相氏諸盤如妻盤如病刲股療之終致不起氏年幼家貧無子兄文學袞屢請歸養氏曰豈有守節而不在夫家者遂不出戶庭惟勤儉紡績年五十

三歲甥進士滕達爲之傳

周氏年十七適俞世實結褵三月世實病篤謂氏曰家貧無子我歿卽嫁氏泣自誓刲股調藥世實歿繼姪爲嗣紡績以養舅姑因兄弟欲奪其志永不歸甯知縣徐徵麟題表褒崇節孝順治五年寇焚其家闔獨在風吹出一字不損孫麟翔康熙已酉舉人姪婦潘氏王氏青年守節壽俱至五十歲而逝

胡氏自幼善事父母友愛兄弟以孝謹聞於宗族

年長適儒士陳澍氏年二十七而澍歿殣遺一孤有棫氏哀毀骨立操凛冰霜虔奉舅姑和待妯娌撫師課子訓以義方每暗室痛泣不使外人知恐傷舅姑心也自澍歿後即茹長齋端莊誦經尤喜施捨濟貧寠代納欠糧絕無德色縣城外四十里許名漁後堰係北塘通衢兩岸距河歲久淹沒傷人無算氏獨爲脩砌不惜數千金嘗命其子有棫日無以一巳之溫飽有餘遂不惜衆人之饑寒不足也仁民先於愛物親親先於仁民汝其念之遂

捐田五十畝納諸宗祠歲收所入以周孤苦濟困乏又慮子孫之貧無立錐者失于教誨特爲延師立義學黨族無不依賴之有械悉承母訓凡遇善事知無弗爲出於誠性遠近共稱之曰善人而允能盡荻之教不能不推其所自云

金氏庠生機女性至孝和婉柔順母馬氏疾焚香跪禱期以身代祖太常卿蘭最所鍾愛年十六適國子監學正姜垚爲室琴瑟靜好舉案相莊事舅姑極其誠敬宗黨咸稱之年二十二歲而卒謚曰

淑孝生一子一女子公銓幼卽穎異登康熙丁巳
舉人女適庠生沈其佺
高氏庚吉士王自超妻自超卒氏年二十八痛念
自超刺血繡經持齋三年子承綬年十三受經於
氏博學能文早卒撫幼孫爾繩爾振俾之成立以
繼先業氏享年六十有四
俞氏庠生沈祖孟妻于歸僅三年而祖孟卒氏守
節四十餘載奉事舅姑親族皆以孝稱之子夢錦
幼有文名敦節義爲士林所師表皆本於母氏之

慈教云

何氏庠生金烺妻貞靜幽閒言笑不苟事姑魯氏孝養備至人有以非禮之言相及者霽色和顏弗與計較順治戊戌年烺疾危篤氏日夜籲禱減輟飲食誠格蒼旻病遂獲痊氏于康熙壬寅季冬卒子二人塽甫四歲臺止二齡烺悼亡詩云十年空結髮兩子未成人讀者悲之烺鞠育二子訓以義方後塽入邑庠臺入郡庠孫一人咸謂氏之積善報施薹不爽云

徐氏適何姓夫逸其名氏美姿容生一女亦殊色順治五年六月土寇亂氏攜女避叢薄中寇欲汚氏氏詈女曰寧死弗辱寇怒不從刺氏垂斃復逼其女女厲聲堅拒同母罵賊皆臠殺之越五日顏色如生合葬後有二異鳥悲鳴墳上

錢氏太貞女庠生王士漣妻漣卒氏年三十生子瑞甫七歲舅姑俱耄氏矢志不二勤紡績以供甘旨閭里賢之遂上其事於府縣隨以節孝可風給匾旌表其門

堵氏儒士王學進妻氏年二十七即孀居僅遺一女尚未彌月氏栢舟自矢辛勤撫育長字邑庠生葉維侯爲室隨女終養壻家嘗曰吾但完婦事耳擇親姪以繼後享年六十有八無疾而終

劉氏性行端淑舉止幽閒適儒士金百鈞爲妻百鈞攻力經史積勞而卒氏年甫十九號慟幾絶舅含哀喻之對天自誓矢節靡他子汝器有令名媳姚氏克順姑志即舉子萬全不越數載子若媳俱相繼病隕困苦伶仃形影相吊萬全年七歲氏撫

養鞠育教誨成立萬全年漸長仁孝性成知氏勞苦色養無間承歡菽水氏享年七十有四歲皎日氷霜堪喻苦節都御史劉宗周爲之傳萬全志切報劉每逢忌日潸泗嗚咽悲不自勝嘗曰祖母孤孫相倚爲命始賴含飴繼學反哺予之得享餘年本於高厚予媿不能即從祖母於地下也孫媳陳氏崇禎庚午舉人箴言孫女與萬全同志篤於孝敬長曾孫鼎榮廖序列名若志勵學孫榮幼嫺誦讀俱能世其德云

王氏年十五適陳習論爲妻越一載習論卒生一子撫育成立勤於紡績終始堅貞之操困若不易壽五十歲

徐氏年十六適何守約爲妻相敬如賓氏二十七守約以勤劬而亡子甫十齡女方在抱家無立錐煢煢一身氏志勵氷雪躬勤紡績教養嫁娶各盡其禮年逾七旬餘孫二人俱已成立

劉氏庠生沈道錦妻于歸僅數載道錦卒氏奉事舅姑孝敬備至撫遺孤一子一女子潞甫十月氏

苦節五十餘年宗黨無不稱慕潞任諸城縣巡司
長孫林英列名成均女適蕭山庠生來廷棨

周氏翰林院侍讀鳳翔長孫女婉順慈和夙有淑
德適太學生金煉爲室事舅姑誠孝無間喪葬俱
盡其禮祖姑吳氏氏爲甘旨承歡歿則哀痛倍切
康熙已未秋母姜氏卒氏慟哭絕而復甦父玉忠
再三慰解之終以此感傷成疾庚申五月三十日
卒年止三旬有三宗黨悲之相與議謚曰仁居四
德之首孝爲百行之全遂謚以仁孝生一子墀痛

念母氏恒茹齋女二人俱克肖母德者

姜媛鍈貢生埈女四歲母王氏卒事繼母劉氏以孝聞康熙戊午夏埈病幾危藥石不治媛鍈封股投劑服之即痊然割臂之時值電光閃爍遂驚悸成疾庚申歲適王鴻舒合卺止四十九日而卒享年二十有一孝可格天德不永壽宗人謚曰孝敏越紳士作詩以哀之

馮氏劉奇妻十九而寡撫孤成立苦節四十餘年而卒

吳氏張有梅妻年二十三有夫卒有欲奪其志者氏投繯以絕之遺腹一男又復夭亡煢煢無依其弟子韡迎歸膳養守志四十餘年

金氏陸迹妻吳氏金國妻徐氏陸瑞妻俱守節四十餘年鄉人稱之曰一門三節

吳氏劉重妻二十七而寡有遺孤忍死稱未亡奉養舅姑惟謹苦節三十餘載鄉人稱其節孝

楊氏周日禮妻趙氏許大化妻蔡氏黃應爵妻李氏徐大化妻董氏徐道祿妻王氏嚴文貴妻皆同

山寇竊發同時殉節里人合祀棲鳧土穀祠

馬氏庠生吳鳳翀妻叅議維陛妹苦節終其身

俞氏吳大節妻順治三年六月偕母被兵恐其相犯俱赴龍華潭死母年三十六女年十七

王氏馮可信妻守節三十四年郡守旌之

李氏少詹朱兆栢副室時年甫十六越二載而兆栢卒子用甸方在襁褓撫養成立氏五十五歲卒孫二人繩祖好學能文法祖年幼知書孫女二人俱恪禀慈訓云

〔朱氏〕潘鳳林妻氏十九歲鳳林卒矢志守節四十餘年撫親姪三遷爲嗣知縣范其鑄給匾旌之曰一節開先

〔魏氏〕潘毓吾妻毓吾中年無子而卒氏苦志守節賣産捐捨百金脩築朱公橋石塘建造茶亭禮佛誦經居孀四十餘載知縣范其鑄給匾旌之曰雙節併美

〔馮氏〕潘仰亭妻仰亭早卒氏撫養二子孫枝五代一門百丁享年八旬餘知縣范其鑄給匾旌之曰

三節壽世

黄氏儒士金大有妻溫恭淑愼事舅姑以孝聞大有卒氏年二十八栢舟矢節操凜氷霜撫育二孤豸彪成立無失家聲享年六十歲

楊氏儒士王成鳳妻年二十八歲成鳳卒子應瑞五歲應隆尚在襁褓家貧紡績以育二孤年七十有四應瑞爾任徵仕郎孫天相年十三刲股救親分巡寧紹道王公旌獎一門匾曰節孝可風

何氏鄒民杜文達妻年十六尚未結褵順治四年

土寇擾琵山氏懼爲所汚遂沉於河

徐貞女字趙應奎爲繼聘禮甫行而應奎客死訃至貞女佯爲不聞紿其母往佛寺行卜過趙門徑入拜其姑韓氏遂號慟易衰絰時年十九父母百計勸回貞女曰俟歸葬後徐思之喪歸扶柩赴葬力疾成墓三年服闋父母又苦計勸令改適貞女欲自盡曰婦人從一而已我雖未侍巾櫛然已有成言奈何舍之他適且姑老家貧誰爲膳養所遺前妻之子誰爲撫育乃截髮毀容誓死無二一家徒

塋立貞女日夜紡績躬秉耒植蔬奉姑育子儐尙
歲日不一食冬夜無衾恬如也姑病篤貞女籲天
求代刲股以進姑夢貞女以臂翼之而飛遂愈後
姑歿營之成禮娶媳有孫守節五十餘載巡按御
史給匾旌之

錢氏諱聽明妻聽明向學攻苦致疾而卒氏年二
十四撫育遺孤復天舅姑憐其少艾而痛之氏曰
無痛也伯氏止一子俟有次孫吾當舉以爲嗣後
果如氏言起讀方在襁褓卽撫育之曾孫五人氏

年八十三歲邑侯馬如鼓榜其廬曰貞標天柱起謨英邁豪爽享年不永然病之日長男鈞次男鏡次媳張氏俱刲股幼女年甫七齡秉於至性亦爲刲臂後女適翰林院侍讀周鳳翔子玉尹一門節孝事屬僅聞云

〔陳氏〕吳應龍妻事舅姑備盡孝養之道姑馮氏病劇氏籲天刲股願以身代孝感獲甦重享高年當事有純孝格天孝維風紀之獎媳張氏孝敬如其姑諸艱所歷皆堪爲婦道風人謂其一門世孝云

陳氏俞文衡妻聿 耄年舅姑備盡孝養甫五載文衡卒氏紡績撫孤成立以慈母而兼父訓戚族無不欽仰子起鳳起蛟有聲藝苑

施氏萬曆乙酉孝廉栻之姑也適儒士俞栢爲室年二十七稱未亡人遺孤甫五齡俾之教養成立自嘉靖癸卯迄萬曆丁酉苦節五十五年松筠矢操氷雪爲心壽八旬有一康熙丙辰曾孫鳳章字九儀任河東運判恪遵官箴通商惠民

裕親王知世德淵源孫謀繼述特賜匾額以旌之一

曰節孝可風一曰貞操佑啓元孫雲溥郡庠雲沛州同俱敬遵庭訓自克昌大其門閭焉

田氏庠生劉昌妻性至純孝少時母疾父授徒館於外旁鮮兄弟氏年十七以女道供子職湯藥親嘗因祈母壽遂茹素終其身及適昌氏上奉舅姑姑素嚴毅乃委曲克盡孝行相助其夫安貧樂道偕隱于上虞之桂林閭門之內雍如也子蕭康熙戊午副榜以孝弟文藝稱於時

傅氏儒士姚元道妻元道父允戴任竹山邑丞清

介自持卒于京邸元道攻苦誦讀遂患瘵年二十二而卒氏毀容矢節力工針指敬事耄姑俯恤遺兒不幸蚤亡復繼姪爲嗣家甚貧乏晨夕紡績以供祭祀鄉黨稱之

金氏貢生相女適庠生王貧仁年十九而字二十而寡孝養舅姑疾則焚香籲禱殁則祭葬盡禮教子自趨獲列膠庠氏矢節五旬餘而卒論曰節孝

吳氏癸未進士俞璧繼室嫺於内則璧任黟縣令再試宣城崔符告警氏曰夫子以身許國妾亦願

自盡以共殉民社既而力戰完城遂擢彰德司李甓帷篤疾氏刲股籲天及卒扶櫬南旋克襄喪事生一女適太史張星之子庠生愷

陸氏渭南縣尉順之長女家鄰於海崇禎時海溢廬舍悉爲淹沒順之身墮水中自料無復生理少頃有物自水底躍起水面數尺口中呼父者再順之驚曰是吾女耶氏年甫六齡將兩手攀父之頸浮沉十餘里直至塗山麓始獲無恙母董氏歿於潮呼號悲痛寢食盡廢戚里中目爲孝女及事繼

母吳氏無異所生隨父之遼海時儒士朱達在三韓遂委禽焉舅大圭膺篤疾氏順意承志病遂痊事繼姑吳氏竭盡婦道達之弟甫十餘齡氏調護維持不遺餘力教養婚娶分產授田纖無少憾宗黨有兄兮兼父嫂也如母之稱暨順治戊子萑苻嘯聚達之弟被賊所擒氏脫簪賣幣百計救歸獲免於難安全叔嫂骨肉無虞巾幗中有烈丈夫之風焉深明書義口授子女以詩詞立教甚嚴不爲私愛所暱年三十有二遇

覃恩勅贈孺人康熙二十二年合葬於瀉渚之雎山子三人培玭均但縣令而氏之婦儀母德殆久而益彰者已

繆氏萬曆癸卯副榜伯玉女適儒士薛維瀾維瀾蚤卒氏煢煢無依仍歸寧父母晝夜紡績有勸之易節者輒厲聲叱之曰吾幸生一子得繼宗祀吾事畢矣於是矢志益堅朝夕誨子年七歲有八子目攈食餼邑庠順治辛卯副車好學游於文藝見稱於世

王氏邑丞蕭明榮妻氏三旬孀居守節孝事舅姑年七旬有三當事給匾旌曰節孝子國蘭字懷素習儒業因志不售遂精岐黄術樂善好施損貲放生善排難解紛慷慨有古人風鄉閭稱之

姜氏工部紫環公天樞長女生自閥閱性則婉順年十七適官生周玉忠舅翰林院侍讀文節公鳳翔捐軀殉難姑馬氏煢煢孤苦而氏慇勤奉侍甘旨無缺凡十六載每涕流謂玉忠曰時值艱難舅姑未塟當勉力蚤圖而予拮据經營庶一坏獲安

也共爲荷鍤負土克襄塋事宗戚稱其至孝及玉忠疾篤氏茹痛刲股病遂獲痊副室黎氏生子鍾岳年甫七齡而氏珍恤備至愛逾己出聞其誦讀之聲輙爲解頤愛育之情出於中誠生平樂善好施茹齋繡佛惓惓以母錢太君爲念曁己未孟秋氏有疾謂玉忠曰吾母愛吾殊切若知吾疾痛當何如愼弗使之聞如但以病未痊爲辭可耳年五旬有二子鑑鑄鏞恪遵畫荻之訓蚤歲即遊庠今俱列名國雍鑑鼎錫仁敦行力學克承先業女四

人長女孝行淑德尤爲姻黨所推人皆謂氏之壼教所致故能咸遵母德共著令聞者也

周氏庠生益之第三女受王錫輿之聘未嫁而錫輿卒女聞之嗚咽特啓二親願一見錫輿親初不允既而知其志不可奪乃與偕往至則易服前拜起撫錫輿屍呼天叫號絶而復甦卽拜舅姑于堂跪告其親曰兒死生於此誓弗復歸父母强挽以行女終不從其姑錫輿繼母也欲女改適女峻辭謝曰名義至重誠得侍養之餘退拂几筵薦香致

敬雖炙之日猶生之年至于朝夕所需十指猶存無煩尊慮姑怒數爲困苦女服事愈謹守志彌堅服闋謂其家人曰可以下報吾夫矣因不食卒時順治十六年五月二十七日也年二十一宗黨以其未婚守節矢志靡他謚曰安貞巡撫朱公昌祚學憲胡公尚衡分守寧紹台道宋公琬郡守吳公之樞邑侯李公會聞其事俱有褒辭庚辰進士劉明孝爲之誄

鄒氏性貞淑幼以孝聞年十四適庠生潘世式相

敬如賓世式勤學十載賚志以没氏欲以身殉舅姑止之氏喟然曰尊人在堂媳何敢死遂吞哀忍痛恪守婦職撫姪奕蕃爲嗣奕蕃之生氏先有佳夢幼時即岐嶷不凡氏截髮和丸勤劬慈愛俾之成立晩年禮拜法王證覺大乘苦節六十載康熙二十一年卒年八旬有四奕蕃字椒遠恪循母訓篤于孝友丙辰從軍入閩錄授府佐孫蓮玨以文章候選叅軍

金筠字松友萬曆戊戌進士山西左方伯嶧桐公

應鳳孫女也鈞幼時即以孝著父庠生弘禕母章氏最鍾愛之年十九適儒士吳錫祉錫祉蒞任粵西忠義自許積勞負病殁于官署計聞鈞哀毀慟哭絶而復甦因舅姑年耄所生一子一女俱係冲齡強加饘粥而貌瘁神傷嘗曰未亡人得奮從夫子于地下深所願也同衾同穴外此更何求焉康熙癸亥二月十六日戌時卒年三旬有三謚曰敏惠鈞少讀書知大義有所寄懷往往托于篇章以見志所著涵湖閣詩集行于世翁婿振黄俱有學

醫庠其哭姊氏詩剴切纏綿見者俱爲隕涕
金誠字德貞年十一母朱氏疾篤誠刲股者再十六適庠生朱世衍所有簪珥俱鬻以奉舅姑康熙辛酉季夏卒年止二十九謚曰端慧殯于梅林之園生二子二女子安上甫八齡安期尚未踰月宗黨共爲傷之
薛氏系出宋龍圖閣大學士昂及明紹興府儒學訓導理學大儒德明九代女孫也性賢淑事父母以孝聞爲誥封戸部郎中胡明憲之配敬事舅姑

克相夫子生子德潤字徵之年十三遊北庠屢試冠軍兩入秋闈有聲譽氏蚤逝贈太恭人繼配李氏父雙泉任金吾都指揮罹不測氏效緹縈故事伏闕中救父還職助夫以禮課子以學脫簪珥而延師攻女紅而供祀初孕昇猷夢神呵護及昇猷成進士文章政事重于 朝野氏雖處富貴不事奢華皈依三寶其周急甚慇御下以恕閨範稱之明憲就昇猷祿養于江南任中康熙三十年以疾逝氏飛艇抵署率子扶柩歸里誦經禮薦一慟幾絕

乙巳寢疾遺言治喪毋殺生違我素願傷天地好
生之心復偃仰從容曰弟子李氏一心歸佛百無
掛礙一撒東流水俯首而逝異香滿室封太恭人
次子昇俊候選郡丞季子昇輔舉孝廉女三長適
太學生周之基夙嫺令範次適庠生翁嘉胄刲股
救母復延數日矢節栢舟教子成立三適兵馬司
金敬敷即江南臬司鎮長子入闈撫軍鋐嫡姪也
貞操課子孝聲特著
錢氏庠生大經女適儒士王元臣年二十夫亡家

貧遺一子甫六月氷霜自凜撫孤子就外傳躬紡績以克脩脯氏年五旬餘閭里稱爲苦節子懋官克遵慈訓每歲遊庠蔚然聞望見重於世焉

鄭氏儒士王大道妻夙具閨範相夫以敬大道卒副室陳氏貞静淑慎宗黨共高其賢育子慶元年甫十二同爲撫恤遺孤俾之成立獲承世德操比松筠始終弗渝孫六人俱斐然有聲而熹以髫年即列黌序隨氣餼遇試輙高等尤爲知名於時人謂壺教之功咸推本於母德云

王氏州判諸允元妻年二十九歲夫亡長子甫入齡次子禋祿三子越夫亡三月甫育矢節撫孤事姑克盡孝養時家業式微躬紡績以供甘旨及子就外傳雖拮据脩脯必力從豐厚以故家益貧節愈苦明季亂兵肆掠氏指水泣與長媳丁氏曰吾家詩禮望族素矜名節倘亂兵至我二人必投河無爲所辱于是哭辭祖堂嚴結衣裙紬藏磚石預期捐軀者數日夜幸亂兵他出獲保無恙氏年八十一歲長子晉銓仕楚次子國學生隆時爲伯允

魁後三子鑑奉侍於家七孫皆敦行能文補弟子員者來晟來雍來章而來雍每試輒列前茅此氏以松栢之操獲壽考之報者也

秦氏年十九適儒士俞懋昭甫匝月懋昭聞兄訃奔京師遂不復生還氏堅貞自矢依居母家父母憐其家貧無子幾欲奪其志初以夫柩未歸爲辭及夫柩既歸斷髮毀容誓無他志紡績自給茹荼終身年五十三卒

嚴氏錫元一之女性窈窕嫺內則年十[illegible]

猷倡隨靜好者七載夫疾革屬以二子一女而卒時家甚貧有勸氏改適者氏泣曰吾生而孤苦命之薄也從一而終婦女之事且艮人以兒女相託違而去之其若大義何乃力操織紝𢾾給饔飱康熙乙巳五月望夜聯裳闔中盛暑苦蚊爇草爲烟以驅之更闌昏倦而寢烟忽熾烈火爇於房氏驚覺亟起衣已盡燃里中趨救氏曰吾爲婦人裸體得生不若死遂坐以待焚亟攜長子至門外疾入欲出其少子幼女火甚烈度不得出乃閉門抱子

女同燼火中時氏年二十五也

〔金氏〕石潭通仕郎明梧公之女也適茅本奇年甫二十六矢志冰霜辛勤紡績孝事舅姑子彙祿釆藻黌宮氏年六十六而卒其媳係氏之姪女年未三十亦稱未亡恪奉孀姑敬愼弗替享年五十有四一門雙節二代同心誠凜凜乎松柏之操而皎皎乎冰玉之守者也奉天府丞姜希轍爲之傳

〔陳氏〕馮應震妻二十于歸未及一載應震即遊學他方中途抱病而卒應震兄應雷自北而南詐言

應震在京師逼氏嚮產同往意欲誘賣他方氏疑其有詐嚴爲拒絶應雷術窮始告之故氏即號泣斷髮毀容誓以必死爲期立志堅貞備閱艱苦年八十有七

潘美姑文學錫金次女適丘秉忠奉繼姑事痼夫諸苦備歷十年無慍容夫卒氏痛心嘔血亦隨逝親黨欽其孝節爭爲歌詩以頌之

厲氏氏父與陳洪濛之子仲枚指腹爲婚生數歲而父母見背未及笄遂于歸仲枚始至之日即不

於其夫弗同桃席三日而夫竟浪遊在外姑多方困苦之氏之伯勸其改適不聽乃并托鄰媼以道意氏毅然作色曰生爲陳氏婦死即爲陳氏鬼我志已决無復再言仲枚於山左更娶一姓終身不歸氏唯篤孝行循婦道茹齋奉佛紡績刺繡以供甘旨後舅姑相繼殁氏哀痛幾不復生更以平日女紅之所積延僧誦經懇祈冥福越數歲氏年五十餘齡得疾而卒終其身一處子也

潘氏年十七適丁元勳孝事舅姑越二載饑饉洊

孫萑苻多竊元勳奉父命之武林夜歸遇害無錫始覺像貌已變氏察其身之痣并髮所束者而始得其眞撫尸慟哭嘔血欲絕卽以孤貞自許破面斷指衣素持齋以伯氏之子爲後延師納室又爲舅姑獨營塋事年五十五而卒兩廣制臺吳興祚以貞操懿範贈匾表其廬

吳氏周方蘇妻子襄緒生甫九月與方蘇相失氏身催顚沛備歷艱辛皂衣糲食孤貞自矢寒一甑暑一筐課子無間積憂病隕康熙戊申事聞

敕建坊旌表

舒氏濟寧州判萬隆女賦性惇篤容止端凝年十四適庠生王士騶士騶天資穎敏目過成誦圖史之外別無留意年二十四而卒氏同庚堅持矢節上事舅姑下課孺子艱辛備嘗終始靡間長子烺登巳酉孝廉次子應錫國學生而氏之莊慈足爲世風焉

吳氏年十六適儒士金明宇閫範克敦四德無忝宗黨咸稱其賢二十五歲夫卒有子四人家貧年

幼歷盡艱辛共姑憐氏煢煢無依示以改適至囑
親族曲爲勸解乃氏誓無他志栢舟之操愈堅家
計雖乏而事姑則甘旨未嘗有缺日夜勤勞撫養
四子及四子成立俱恪奉其母惟恐或後氏年九
十一而卒子孫繁昌元孫虞廷英年力學𠀤即列
名膠庠至今稱爲苦節之報云

（胡氏）邑庠生趙宗業字亓瑤之妻也八歲能誦孝
經姑丁氏患疾數月侍奉湯藥衣不解帶姑疾篤
氏禱天刲股肉大如掌流血仆地右臂竟不能舉

泣謂其夫曰恐皮膚所損無濟於事故及於骨耳遐邇咸嗟歎之氏卒宗業思其孝行特著爲埋玉艸以行世太史陳景仁爲之傳

聶氏國學生謝元敬妻寄居薊州家頗豐遭明季兵亂盡屬無遺嚮產埜夫建墳孝事耄姑紡績以供饘粥姑病刲股療之撫孤錫袞甫六齡朝夕嚴課唯以古聖賢訓勉有歐母風居常言不見齒聲不達戶遇里戚有急難艱苦必周見饑歲必徹食以濟苦節三十餘年奉佛持齋朝夕祝錫袞以詩

書上振家聲迨錫袞力學成立孝養母氏唯謹氏終身不衣羅綺以勤儉清白勵子孫及卒含笑無他言止以忠孝廉恥報恩忘怨爲囑錫袞初任靜海令廉能慈愛貸數千金以賠民課并托友虞相募贖難民舉卓異擢南昌府同知歷署郡篆所至皆著聲績氏受

敕封人咸謂慈訓世德所致云

明馬氏粤東清遠縣少尹陳綸箎室爲未亡人年僅二旬有二舅年七十餘歲氏孝養惟謹孤子大向

尚屬僻襁褓鞠育教誨獲振家聲大向以國子生仕
工部所正迎氏就養京邸氏之事舅撫孤孝慈備
至苦節五十餘年宜其子孫繁衍克昌厥後云

沈氏鍾萬傑妻氏尤能教子極其嚴厲子鎬邑庠
生性至孝友每先意承志得其歡心課其弟國義
成進士氏曰汝弟不負義方之訓皆有以成之也
鎬之子琮發歲遊庠斐然有聲皆推氏之壼德焉

盛氏儒士廷鋐女年十七適鄒寰十九寰歿氏誓
矢栢舟以紡苧奉養姑嫜食貧茹荼備極巾幗中

之奇苦繼姪爲嗣教養兼至舅姑歿氏營葬祭享
截髮斥彩低盡其禮壽九旬稱未亡人者七十餘
載孫錫祉補弟子員

盛氏儒士守學女年十八適庠生韓姬尹爲妻門
庭清素上侍寡姑張氏姬尹館穀甚菲氏工針線
以資菽水生一子一女越五載姬尹遊學京師屢
試不售殞於都城而氏之子又夭亡煢煢姑媳喪
夫失子兩世惸嫠一門苦守氏後姑十五載而亡
埜姑埜夫及子經營拮据氏之孝節卓然炳烺足

爲女範卒之年七旬有三

〔黄氏〕儒士章正孝妻琴瑟静好有齊眉風越三載舉二子正孝夙膺瘵疾氏刲股和藥如是者再終不瘳正孝當屬纊時謂氏曰汝年幼子襁褓吾死不瞑目氏即剪髮泣誓曰吾既爲章門婦死生以之正孝卒氏年甫十九哀號震慟絶而復甦矢節撫孤紡績以供朝夕上事繼姑克盡孝道壽七十五而終次子廣瀾字子涵恪遵母訓隨補弟子員名行自持士林雅重之

王氏司訓三鎌女名門閨淑幼嫻書禮二十一歲適儒士包懋統懋統爲郡文學警常仲子氏勸夫苦讀夫成瘵疾七載而亡氏力救不痊思以身殉伏地長號水粒不受翁哭諭曰汝夫雖逝所遺一藐孤尚在襁負古云死節易立孤難汝宜爲其難者氏遵命節哀稍進饘粥襄事後飲荼茹蘗惟事紡績箴紉以供翁之甘旨如是三十餘年撫孤成立諧配得孫翁至九十一而終氏含殮棺衾拮据成禮以哀毀勞瘁不及兩月旋亦身亡宗族鄉黨

俱推其節孝子賓服膺於孝思蚤歲知名文學張倚爲之傳

潘氏 太學生鄭汝銓妻氏言笑不苟年十九而汝銓棄世氏哀痛絕食不欲獨生諸親戚以姑老子幼相勸遂誓志守節躬親紡績事姑至孝訓子有方幸氏父順則任兗州別駕賴其週給獲存及長子祖瀛由郡庠生任副兵馬司因

覃恩誥贈氏安人次子祖浩任盧氏尉氏孀居四十載年五十九而卒閭里咸稱節孝云

陳氏鄭懋德妻十七歲于歸十九而寡即以栢舟自矢舅姑年近八旬氏惟盡孝敬治齋奉佛焚香籲天願減巳壽以益舅姑繼娃煜爲嗣煜甫一月氏即懷抱如巳出撫恤備至訓誨嚴篤殉娌虔祭氏督理家務身任其勞宗黨鄉里競以節孝稱之

何氏廪生恒吾女天性純孝幼習詩書從父訓講朝夕不倦肄業數載書詰俱克淹洽及笄適儒士金應暘敬事翁姑䀹勉夫子宗族俱以賢孝稱之應暘遊學粤西計聞氏痛哭欲殉節時長子弘勳

年幼次子弘毅尚在襁褓翁姑勸其撫育遺孤氏委曲承命勤女紅以兼訓導有孟母之遺風焉弘勳年甫弱冠曾聽講於應鳳伯書齋所構制藝應鳳深爲獎許年二旬即列名黌序矢志誦讀積勞以殁生子維熊篤於孝思賦姿穎異氏撫育訓課俾紹前徽而維熊爲克恪凛教誨以光大其家傳氏享年七旬有一太史陳景仁爲之傳

全氏 儒氏立素女立素未生女時與庠生王建之剖襟爲聘訂以婚姻女生三歲而立素竟遠出不

歸而建之逝世其子昭之年二十八力不克娶氏母欲議另許氏諫不聽于康熙乙卯年某月日更餘預縫已衣開門赴水被覺復走至城河又爲捕魚者所知遂至麓湖尼菴前是夜三鼓盡浸水没頸得王姓驚救報於鄰里時育嬰紳虞敬道知之令暫止尼菴翌日送至母家代聘完姻又致札遂昭之入都以圖永遠時給米以供氏隨生一子而氏於壬戌年逝世

余氏儒士李茂秀妻氏年二十八孀居撫育遺孤

立志靡他堅守五十二載氷蘗自矢躬親紡績勤事舅姑塋祭合禮訓子有方婚配得宜年至八旬咸稱其貞節焉通判署邑事王公琠表其門曰勁栢凌霜學憲張公衡給匾旌曰北堂師表

周氏庠生薛萬鼎妻年十八而寡哭夫喪明誓不再適孝事舅姑鬻釧環以供湯藥撫恤繼子得以成立年六十三而終止生一女適國學生趙三泉亦以少婺永矢栢舟壽至七旬

張氏儒士陳言妻庠生穀之祖母也言蚤卒氏矢

志堅貞織紡以撫兩幼孤俾之成立教育諸孫俱
濟濟或以名儒顯或以名將著氏年一百二歲
鄉人謚爲上壽貞靜慈惠云
趙氏庠生文煥女適儒士史濬未彌月濬即遠客
京師會崇禎甲申闖變絶音信者五年家貧無倚
勤紡績供菽水以事姑周氏孝聞宗黨後自冠克
儉同姑避難入山採藿爲食數遭虎患終莫能傷
焉有傳夫卒於亂逼氏再醮氏以死拒之姑疾侍
湯藥衣不解帶者經年姑卒居喪哀毁骨立後十

餘載復與夫遇而夫已別娶矣佐夫成家有賢聲每祭其姑雖歷年久遠亦爲號泣悲傷舉二子長兆興次兆祖兆興登康熙壬子順天副榜充河工分理官以從五品用文章功業皆不媿母氏節孝之遺訓焉

沈氏儒士馮肇權妻肇權銳志篤學博覽典籍年二十二歲卒氏亦同庚無子矢志靡他事姑至孝姑疾篤籲天求代奉湯藥溫粹可掬背則流涕沾襟刲股劑甚若有神告之曰汝姑已改注十七年

矣後壽數果驗撫姪燿爲嗣慈嚴兼盡燿爲郡諸生領袖色養不怠孫型選均選圻選俱列膠庠文行濟美氏足不出閾者四十餘載年届七旬對親族言笑不妄發惟訓女孫輩以孝順承顏爲婦道切要云

陳氏郡庠生胡靖妻年十六適靖時陳母家富而靖貧氏親操井臼未嘗辭勞靖卒氏年二十七遺一子甫三齡携倚母家時母家亦衰爲之勤紡績鞠其子成立氏年踰七旬宗黨稱之

賞氏　廩生胡鰲妻年十八適鰲結褵八載鰲卒遺一子甫襁褓氏矢苦節撫遺孤屏棄膏沐唯勤女紅族里莫不稱賢

明　夏氏　儒士唐國器妻年二旬孀居矢節家甚貧乏躬自織紝孤大烇甫三齡氏鞠育教誨大烇恪遵慈訓授德藩典儀聞母疾棄職馳歸刲股籲天母體獲痊大烇篤於孝思色養承歡跬步不離氏年八十二而卒學憲劉公旌其廬曰節孝傳芳

王氏　儒士姜宗斌妻年十九適姜甫數月宗斌遊

粤東卒於途聞訃晝夜悲慟及柩歸葬畢返棹
從舟中躍入於水衆力救良久方甦嗚咽曰我夫
歿年少上無舅姑下鮮子嗣生復何爲嫡姪應奎
涕泣跪告願爲繼嗣奉養哀懇再三勉允其請飲
冰茹蘗獨居一小樓唯事女工終身足不履地壽
至七旬餘天啓五年太史倪元璐偕郡守達諸巡
撫上其事於朝敕贈貞節婦三字建坊迎恩門外
應奎事母甚謹始終無間闔郡稱其孝慈各憲印
以孝慈旌其門錫之冠帶云

〔金氏〕李廷瞬妻五載而夫亡生一子繼宥甫三齡有田十畝僅供饘粥門衰祚薄止氏一人而氏兄弟利其所有迫氏改醮氏堅志不從曰唯茲藐孤似續所係吾如再適兒之存亡未保吾懼李氏之不血食也兄弟再爲勸諭氏欲引刀自刎卒不能奪勤紡績持齋素專意撫孤終於成立邑令耿庭栢特表揚其節孝繼宥生六子迄今瓜瓞四代爲吏爲士繁衍昌熾皆謂天之報施益不爽云

〔鍾氏〕幼事親以孝聞父母患疫焚香籲天願以身

代性聰慧通經史動止以禮人皆以女士目之焉年十六適李籓生貌寢而多疾氏毫無怨色琴瑟甚諧偕三載而籓先歿育一子甫週歲家貧無以供饔飧堅持氷節形影相吊茶蓼備嘗親爲教子有斷機畫荻之風至五十五歲而逝順治十四年當事表揚貞節誠巾幗中之罕覯也

明　袁氏夙嫻閨訓及笄適儒士勞爾逸氏事舅姑甚孝睦族黨周貧乏恤臧獲咸中節焉爾逸工舉業善小楷屢試不售喟然曰大丈夫當以蒼生爲己

任不作良相當作良醫遂殫心岐黃遊長安聲譽日廣拯濟莫可限量氏率二子一女勤劬成家未幾爾適卒氏哀痛欲絕治喪盡禮棄膏沐矢栢舟訓子教女女適參軍劉道隆有令名子執泰執任從事於詩書孝悌氏料事有幾先之哲忽一夕召二子曰聞畿北騷動吾不忍汝父骸骨蹂躪于兵戈之地遂率子扶柩歸塟城南卜居郡治龍山之麓使二子操奇贏之策躬率兩媳以佐蠶績家計日豐爰課諸孫以舉子業長孫于禮太學生仲孫

子學邑庠生季孫子御及曾孫承基承墩承垣咸以文章孝友稱教養從姪之如已子之登順治戊子孝廉皆孫氏四十苦節累仁所致也子執泰卒其妻胡氏矢節訓子亦如氏之令範焉

高氏太學生昱女年十八適廸功郎余邦秀甫五載邦秀遊京師卒於邸舍時氏年二旬有三遺孤國棟氏爲之教訓俾其成立家素貧待客甚豐人比之截髮侃母矢志苦貞鄉里共推其賢節壽至八旬而卒

高氏年十六適陳非熊非熊父邑庠生常嚴督非熊課業非熊嘗病瘵蚤卒氏年止二十有二無子且家甚貧或勸之改嫁氏曰吾夫死而吾舅姑在奚忍棄之乃痛哭斷一指以示志後家益貧窶無以自立氏唯績麻進供甘旨苦節純孝爲世所稱

陳氏儒士余應鵬妻應鵬蚤卒子光黼甫七歲家甚貧窶四壁蕭然越二載氏携光黼回家紡績度日堅志矢貞年逾七十有餘宗黨俱高其苦節

明章氏名儒穎之女庠生劉坡妻都御史忠正公宗

母也自少閑靜寡言不苟楷笑年十七歸于劉夫
卒氏年二十七抱一週歲女而宗周尚遺腹時家
勢浸落氏攜子女至潁家刻苦自勵躬操紡績以
供晨夕之需宗周稍長氏親爲課讀機杼之間篝
燈相向旣而潁偕仲子赴廣文之任壽昌氏遣宗
周隨外大父讀書時年十六越四載宗周舉於鄉
氏戒之曰無多言多言敗德無多動多動敗事又
曰人須有剛骨方能自立宗周學承伊洛之傳身
殉國家之難皆氏庭訓所致也又四年成進士放

榜之日氏以疾卒於家萬曆四十年御史馬從聘按浙採其事上之朝奉詔旌表其門建坊萬安里中顏其額南曰氷霜勁節北曰宇宙完貞後宗周累官至都察院左都御史遇覃恩贈氏夫人

劉氏庠生坡女章養仁之妻也歸養仁六年年二十四而稱寡不敢晝哭其夫惟時時隱痛浸以抱疾久之疾浸劇遂逡巡伏枕十餘年而卒翁忠正公宗周私易名曰貞範存母教也

蕭琪府庠若蘭之季女也齠齡時即承庭訓秉性

柔順長適儒士張人駿事舅姑謹恪有禮以孝聞舅麟趾國學生為藩撫幕十餘載而殁人駿尋親至京師數載不遇負疾而歸已渡錢塘未到家而逝氏號哭累日不食家貧藁葬後居數月姑憫其無所出勸之再醮氏對天自誓矢志靡他工針黹養姑終身鄉里稱之

沈氏光祿寺少卿忠愍公青霞之姪孫宜穀齋女也幼秉令儀素稱淑德及笄適都閫劉景堯為室生四子二女年二旬有七景堯卒氏哀毀痛切絕

飲食者旬日誓不獨有衆勸以諸子伶仃倫怙恃兩失誰與顧復爲之多方曲喻祈畱喘息氏始稍節哀痛孀居獨守茹荼嚙蘖甘苦備嘗更值家計岑寂躬勤紡績乃安於困頓而矢志益堅俯育諸孤玉鉦等漸至成立姻婭鄉鄰稱其有丸熊畫荻之風焉諸孫泮儒輩亦皆佩服遺教篤志縹緗翩翩俊雅蔚爲令器氏年至七旬而卒少師朱忠定公燮元謂氏節凛氷霜有光壼範操貞松栢堪樹幽標特爲之撰墓誌銘

明王氏理學薛德明之繼配德明於洪武年間任紹興府儒學訓導歿於官署次子文賓次媳孟氏相繼而卒王氏矢志栢舟時文賓遺孤廷珪甫一齡氏鞠養靡倦艱苦備嘗毋教廷珪以不墜先人理學爲本廷珪恪遵其訓孝悌恭儉年十三贅居山陰新河坊張氏舉九子後孫嗣蕃衍已逾千丁列文林而登仕籍者節孝文章代不乏人世皆以謂德明鴻儒之報與氏二十七載苦節之功也十世孫景運性篤孝友脩葺家乘追述先事恆至流涕

於此見孝思之一班而德厚自致其流光焉

陳氏儒士徐應奎妻孝奉舅姑敬事夫子應奎勵志經史積勞蚤歿氏年二旬有六悲痛號泣絕而復甦卻飲食惟欲相殉於地下因遺子子昂甫三齡爲之勉强節哀矢志撫孤茹荼餐蘖凜冰霜享年八十九而卒閭里俱稱其苦節當事給匾以旌之一曰節孝可風一曰有大嫫風子昂恪凜慈訓孝養承歡孫四人俱恂恂自好爲能克承祖母之遺德者

皇清薛氏庠生萬鼎女儒士趙三泉妻三泉篤學耆
文無子备李氏年二十稱寡順治戊子歲山寇嘯
聚氏以一身隨姑避難於謝墅行至甘溪村賊勢
猖獗姑行步稍遲氏負之數里得免于難平時惟
工女紅尤作甘旨宗黨以節孝稱之氏年至七旬
有二
楊氏少適夫王姓夫遠出不返家甚貧寠氏事舅
姑至孝值順治戊子歲山寇掠烏石村氏偕鄰婦
避難古塚中遭寇搜逼衆婦皆出氏獨堅拒塚內

威脅不從及以刃劈五指迎刃而落詈罵弗絶寃
即臠殺之越旬日姊壻王子偉子雄備櫬覔屍及
見顏色如生時在溽暑益不朽穢允稱節烈之異
姚氏太學生太素女太素任常熟邑丞有惠政氏
孝事其父長甚慧嫺女史年十六適陳錫琳爲室
克盡婦道宗族咸賢之值錫琳他出舅至善遘疾
顧氏號天呼籲刲股以進舅疾遂痊氏年二十
六與錫琳俱病疫氏雖扶病救錫琳而錫琳終至
不起氏治喪畢毅然絶粒欲以身殉家督勸之曰

玆易撫孤難重宗祧故耳氏釋然曰吾不任其難誰更任其難者遂復食躬紡織操井臼砥礪艱辛以成其子濬明不減晝荻丸熊之事氏享年五旬有一進士呂廷雲爲之傳

胥氏庠生周之尹妻年二十五孀居貧困躬勤針指孝養耄姑撫訓幼嗣順治戊子年遭山寇竊發氏偕姑金氏避難棲鳧村山行絕糧氏貯乳餧奉姑而已忍餓數日姑得全活同行者莫不歎服氏壽至八十三而終子國傑克遵慈訓養祭盡孝焉

魏氏羅紹南妻居盛塘下埠順治五年五月初九日土寇竊發氏矢志貞烈手抱幼子又攜一子共沉於河時一女甫九齡見母溺水亦赴水而歿紹南守義不娶氏所留一子君友娶張氏君友蚤卒張氏亦操凜冰霜文學錢維藩爲之撰節烈傳

王氏虞養吾妻居盛塘上埠順治五年五月初九日羣寇嘯聚氏懼恐寇所污遂沉水而卒養吾念氏殉節終身獨處鄉人共高其義府學教授高鳳翼作傳以紀之

章慧字慈雲貢生琢之長女太學生金熈妻也琢年踰五旬無子廣行善事奉大士甚誠後周氏有孕分娩之夕夢大士授以一花曰此優曇花也汝善養之既覺即產異香滿室經宿不散甫三齡輒善應對知數目聰穎非常讀書五年凡四子書列女傳曹大家女孝經鄭端簡公閨門直訓紫溪通鑑無不熟識通達十二學女紅即爲斂悟十五于歸與夫相敬如賓常以弗獲奉侍舅姑爲恨遇祭祀必豐必敬毎歲展墓盡哀而返康熈庚申歲父

病劇慧持齋禮斗願身代無何卒慧哀毁骨立痛哭氣絕者再毎念及卽涕泗交流婣戚咸稱其孝生三子集塝堉一女俱自乳盖不忍奪他人乳也凡一言一行悉易義方至秉性忠厚待娣姒以親睦御臧獲以寛仁治家甚勤雖病紡績不輟日誦感應篇持準提咒齋戒殺好生隨力施濟所行功過格夜必登記如是者十載年方三旬一夕夢大士手執一花招之曰此非汝結果處也與我西去不踰月而疾易簀之際以毋氏不及終養爲生平

未了事呼兒女至前唯諭以行善繼志與夫訣曰歛衣唯用布素至延僧誦經徒屬虛文唯積學成名予雖死猶生也言畢念佛不絕口而逝宗黨謚曰勤順共相賢之

朱氏秉性淑慎適儒士詹大賓閨房雍穆敬戒無違年二旬有九夫亡守節侍奉姑舅孝養無間勤儉治家課子誦讀冰霜矢操六十五歲而卒子勲恪秉母訓甘旨承歡始終不渝閭里俱以孝稱之

祝氏大學生商周稷妻年二十四歲夫亡堂上二

姑亦早寡事之惟勤一子甚幼氏朝夕勤勉以勤家政閱數載二姑俱逝世喪塟之事毫無缺禮更歷數年而子又亡孤孫甫六月值家業坎軻氏撫育倍至俾寡媳幼孫相依爲命氏嘗歎曰吾爲商氏婦使商氏有後吾志已足何憚辛勤哉壽至七十而卒

堵氏適邵承祖氏年二旬早寡家貧紡績舅姑以氏無子强其他適氏號泣誓天矢志苦守侍奉舅姑二十餘載生養死葬靡不盡禮足弗踰閾惟謹

夕禮佛誦經逮至髦年宗黨俱稱其貞節其女適
瑺錢允臧亦至孝早亡遺甥二人

王氏年十八適儒士許燿明結褵四載夫亡守節
侍養舅姑孝敬無閒舅太醫院院判崑宇姑陳氏
俱享壽九旬有一咸稱氏爲孝貞氏撫嫡姪爲子
令署四川江油縣篆生三子五女至氏所遺一女
幼以孝聞適夏文玉育四子一女俱岐嶷不凡氏
年六十八歲

翁氏二女居江塘村俱有色及笄未嫁一婢亦具

姿貌朝夕從事女紅未嘗窺戶順治丙戌秋方處室忽兵至不及避挾之馬上而行前度一橋其姊乘間奮躍赴水兵出不意方愕眙大呼其妹繼之乃墮淺處仍爲所執縶之鞍上時諸騎相與聚觀其婢忽從懷中躍入水兵知不可救發矢射之中背而沉又行數里河益深廣其妹潛解所縶復躍入波間兵憤甚呼其儕叢鏑射之立死次日父母往覓三屍貌皆如生因合葬之里人稱三烈女墓云長女先已許字某氏後數月壻則有所聘婿夕

見一女倩妝而入婿即昏眩踣地譫語云吾爲汝盡節而死汝不待吾父母之命遽婿他室何悖義耶其舅姑惶怖謝罪仍邀其父婉諭之良久始云吾已爲上真所錄遊息蓬閬豈復與塵世事顧憤汝無禮義聊示薄責耳父命解釋不復措懷矣遂甦

俞氏淑德性成年十六適忠愍沈公青霞四世孫文學嗣鑒爲室于歸尚未及朞嗣鑒遊京師卒於旅邸氏聞訃哀毀痛追誓弗獨存舅姑以氏身懷

遺孕多方勸慰氏勉承慰諭不逾月生女卽爲撫字躬勤紡績長齋繡佛貞操無虧年踰七十而終女適文學趙其炬繼子世俊俱能以孝著

周氏適馬文韶文韜登崇禎丁丑武闈歷任樂安參將練兵固圉盜賊屏息卒於官士人尸祝立祠氏哀慟欲絶截髮守志艱苦備嘗孝養舅姑撫恤孤子六人躬爲教誨悉獲成立苦節四十三年子章豫達彩均列仕籍章玉任中牟令愛民如子清廉有聲俱恪遵慈教孝友無閒爲宗黨閭里所稱

道云

單氏姚宗虞妻宗虞殁氏年二十遺孤文焕甫三歲家貧苦志守貞紡績課子成立文焕復早逝媳張氏霜操同其姑里人稱爲兩世雙貞孫文學禎精翰墨重然諾士林推之

胡氏適儒士王烑烑早逝無子氏堅志守節翁我亮亦早亾姑田氏孀居不能卜葬氏竭盡奩資搆地厚葬翁夫姑嘗壽具及生壙至葬日氏慟哭入壙内欲自盡與夫同穴賓客宗族見之無不墮淚

止遺一女有孝行字孫昌運

徐氏年十六歲適儒士秦巽川二十一而寡巽川夆負文譽賫志以殁氏傷夫志未就嚴課其子奇璧奇璧學有成就交遊遍京邑聲名藉甚皆氏之懿訓所啓也氏享年八旬有三内言不踰閫閨範肅嚴閲六十二載如一日焉

陳氏儒士姚應運妻年十八于歸二十四而稱未亡人時家徒四壁無擔石儲遺有二孤長志龍甫四齡次志鳳係遺腹氏煢煢守志勤紡績女工以

糊其口併撫字二孤晨夕督課迄于成立今皆挾文藝從搢紳遊能積資以孝侍其母鄰族有二嫠婦貧將再適氏以已之伶仃荼苦相勸勉常分饘米以周給二嫠婦得倚氏以完貞年逾六袠鄉黨交譽謂氏并能全人之節者也至志能廣修橋路建捨義塚皆承母氏之志嗣孫振振八十厥後之必昌云

陳氏儒士施瑞霖妻年二旬而孀居遺有一孤名必信時方四歲薄田數畝僅供饘粥氏克勤克儉

撫孤成立必信善治生以孝養其母亦中年蚤逝媳王氏志勵氷霜不變姑婶之操人稱其一門雙節云康熙十年郡侯張三異表其閭曰鶴齡松節

俞氏係庠生曾集號罹菴之媳處士燮先字予和之繼配也元配胡氏無出俞氏生三子長甫五齡幼甫彌月燮先卒氏哀毀不欲生飲氷茹荼操凛松栢晨夕奉事舅姑悅志承顏備盡孝道撫其幼子篝燈督誦書史每夜半不徹苦節稱於鄉里長子應坤名列宮墻好學力文崇尚行誼士林重之

孫氏蔡思堂繼配二十歲夫卒子應爵三齡又與遺腹子應祿紡績供姑教子誦讀子修遵慈誨俱有聲名於外孫忠舜忠殷忠漢忠艮忠信忠祥忠孝悉秉孝行閨室同居尚不析爨忠舜常與兄弟輩完人伉儷捨棺埋骨宗黨鄰里有困阨者無不竭力維持世稱其孝友仁義萃於一門云

陳氏年十八適儒士王一英纔四載夫死無子一慟幾絕因姑老勉進饘粥悲泣數年而卒

陳氏長樂教諭奕軒公孫女適邑庠生凱雲驤雲

驥字子强力學攻苦贇序蜚聲不幸賫志以歿氏年二旬有八哀毀痛悼屏棄飲食廼欲以身殉節絕而復甦者再四舅北雍貢生景脩姑王氏係稟生光瀛姊多方慰諭氏性至純孝遵舅姑命稍延一息躬勤紡績竭誠脩髓以供甘旨無有怠容止生二女皆獨力撫字擇配于歸氏寂守孤幃十餘載不啻氷雪爲操宗戚閭里俱嘖嘖贊嘆弗置太史陳景仁爲之傳

〔余氏〕適趙玉艮結褵三載夫卒氏堅心守節操凛

於邕海內名公鉅卿俱爲傳贊子信國字幼文昔
志讀書稱成均雋品有苦竹山房草行世孫麟璧
英英露頭角識者皆以卜節孝之昌後云
伍氏陳應曆妻家居不足甘旨不缺氏年十五晨
夕紡績佐夫孝養苦積錙銖不求溫飽樂善好施
長齋奉佛周貧乏置祭田立社產脩官塘築大橋
建茶亭事事皆從十指中出以是爲難里人善其
行公鳴邑主范　勒石入誌贊曰倬彼甫田陳老
之場五畝穰穰兩親茶積供佛及僧盛典自昔王

戊之歲屏翳爲阨礿嘗不備里民蹙額惟爾子安孝心不釋遵父遺言禱神有獲捨作社田神人共懌以享以祀后土來格報功奏成允爲長策甲子爲始誌文勒石年年歲歲永垂無斁子洽字子安箕裘克振曾孫凑滕夫婦齊眉壽七十餘相繼令終人皆以爲孝德所致云

黄氏十六歲于歸東浦余樑樑年甫十三尚頼提携時也畢姻僅四載樑于順治三年貿易吳江遇盜殞命氏當聞訃幾不欲生此因翁姑已故無所依藉氏即奔覔夫骸扶襯歸葬未有内外之助悉氏獨力經營旣苦後嗣之無繼殊鮮隔宿之遺糧乃甇甇娶婦立操堅貞繁言哀耳矢志如城耐寒忍餓飲泣吞聲勤紡績以度日弔形影而伶仃歷盡凄風慘雨備嘗凍餒艱辛越歲久而彌厲誠百煉之精金居寡年方二旬經今四十餘載氏已六

十二齡矣宗親鄉黨咸稱氷霜苦節莫不讚譽相
欽皤然老嫗洵爲世型惟以式微民戶未能上請
旌揚

徐氏儒士胡棨妻年十六棨故氏氷霜矢志撫遺
孤允俊勤儉嚴課克有成立至七十三歲沐浴端
坐無病而卒明天啓五年知山陰縣事馬公如蛟
有節孝天植之旌

史氏儒士任朝縉妻餘姚天啓辛酉副榜史孝咸
女孫諸生起曾女也父子載郡縣儒林史年二十

八婦君性賢孝織紝以養舅姑姑患瘻疾不言近史侍湯藥者逾月幾矓其目節孝稱於州里夫卒遺一子中宜方三歲及長無資赴塾自課之歷官至兵部職方司員外郎婦禮甚嚴待親黨獨和洽康熙五十四年以節孝旌

唐氏山陰名士唐紫淵女幼饒至性及笄適會稽庠生王傢傢苦讀得疾而夭三女無孕氏年僅二十三義難徒死家故貧針黹以奉舅姑撫姪承祧既舅姑繼歿遺三女各歸右族婚葬事畢課孫終

老宗黨咸以苦節稱郡司馬祖光珮旌之曰節孝可風

許氏處士平仲昇之髮妻也節婦年二十一歲仲昇病革顧氏而泣曰親老子幼饘粥不充其早爲計氏痛悼齧指誓守仲昇亡氏勵志堅貞艱苦備嘗事姑孝敬糠洎自甘撫子耕讀寒暑不輟其後子孫繁衍家聲克振氏年七十有二無病而卒里人咸謂孝貞所致氏亡於萬曆年間記載邑乘以俟後之題旌焉

朱氏郡庠生何焰繼室也焰家澄灣世濟歷德孫娶張氏無子斷絃繼聘朱氏未逾年適焰省試下第以病歸久而彌劇焰父母憂甚不起以無嗣故勉爲結褵雖成伉儷未效于飛氏朝夕奉侍湯藥以致衣不解帶不及兩月而焰逝世氏年方十七哀慟絕粒欲從焰地下翁姑泣曰汝夫亡汝復身殉老人將誰依氏乃翻然曰殉夫節也奉養翁姑孝也吾當盡孝以守節何得遽殞重傷老人心乎是隱忍親主中饋媳供子職承歡無間氏父母憐

其年少欲令改適氏以死誓難奪其志復痛夫亡之嗣宗祧事重盡鬻衣飾稟姑爲翁納二側室暮年各舉一子及翁姑繼殁竭力維持兩叔成立爲之婚娶後兩叔俱育多男氏各繼其一以延夫後年七十二而終不僅全一身之貞節寔大有造于何氏嗣續也　郡司理何三畏旌其額曰貞可維風

# 山陰縣志卷第三十六

## 人物志十四　仙釋傳

### 僊

晉葛元字孝先丹陽句容人從左元放受九丹金液仙經常服餌求長生能絕穀連年不饑游會稽有賈人從海中還過神廟廟使主簿語賈人曰令欲因寄一書與葛仙公可爲致之主簿因以函書擲賈人船頭如釘着板拔不可得還達會稽輒以報仙公仙公自往取之卽得也語弟子張恭曰吾不

得治作大藥今當尸解去八月十二日日中當發至期衣冠入室而臥氣色不變弟子等燒香守之三日三夜夜半忽大風起發屋折木聲響如雷燭滅良久風止然燭失仙公所在但見衣在而帶不解以其學道得仙故號曰葛仙公今越地有仙公釣磯及鍊丹井

葛洪字稚川仙公從孫以儒學知名性絶慾不好榮利閉門却掃究覽經籍尤好神仙導養之法行仙公以鍊丹秘術授弟子鄭君稚川就鄭君悉得

其法咸和初遷爲散騎常侍固辭不就聞交阯出丹砂求爲句漏令乃止羅浮山鍊丹在山積年優游閒養著述不輟著内外篇凡一百一十六篇自號抱樸子因以名書年八十一卒顔色如玉體柔軟舉尸入棺輕如空衣世以爲尸解得仙輿地志云上虞縣蘭芎山葛稚川所棲隱也今越之遺跡至多稚川蓋嘗至焉

梁陶弘景字通明丹陽秣陵人十歲得葛稚川神仙傳晝夜研尋便有養生之志齊高帝作相引爲諸

王侍讀永明中脫朝服挂神武門上表辭祿許之敕所在月給茯苓五斤白蜜二升以供服餌止于句容之句曲山立館號華陽隱居仙書云眼方者壽千歲弘景晚年一眼有時而方梁大同二年卒年八十五歲顔色不變香氣累日謚貞白先生按內傳言先生嘗遐遁東邁改名氏曰王整官稱外兵今越有陶宴嶺蓋遺跡云

唐苗龍唐初人失其名能畫龍故呼之曰苗龍後得道仙去

明錢楩號八山嘉靖四年解元五年進士官刑部郎中後棄官歸越喜學長生築室於秦望山之半巖別妻子焚衣冠澹然入道獨棲八角亭中八年冬值大雪雪積丈餘家人開徑而上入視之端逝無言矣或傳其得力導引尸解去徐渭有詩誄之曰結髮慕古昔文字薄齊梁末路邃理道恥聖卑皇王猛棄百乘資誓言學長房高山虎豹叢結茅坐中央未嘗飽饘粥啖棗充肝腸如是者三載鄰傀歸蒼范惠施不在世莊生啗其吭後人呼其巖爲

錢公巖

釋

支遁字道林，河内林慮人。風期高亮，冷然獨暢。年二十五始釋形入道。王逸少作會稽，遁在焉。嘗論莊子逍遥遊，遁作數千言，才藻新奇，花爛映發。逸少披襟解帶，留連不能已，延住靈嘉寺。已入沃州小嶺建精舍。（嘗造即色論示中郎，曰：既無文殊，誰能鑒賞？三乘佛家滯義，遁分判炳然。謝太傅聞而善之，曰：此乃九方甄之相馬，畧驪黄而取駿逸。）後至山陰講維摩，許詢爲都講。遁通一義，四座莫不厭心；詢送一難衆人莫不抃舞但共嗟咏二家之美不辨其理之所在遁常養數匹馬或言道人畜馬不韻遁曰貧道重其神駿性好鶴有人遺其鶴二隻翅長欲飛乃鎩其翮鶴軒翥不復能飛遁惜之曰既有凌霄之姿何肯爲人作耳目玩養令翮成使飛去卒葬石城山

**于洪開**遊石城任華元寺又移白山靈鷲寺與支公遁爭色空義弟子法威最知名開嘗使威出都當還山陰曰道林正講小品將無往見之耶威曰

諾既至遁方捉麈威致難攻之遁曰君乃受人寄載來耶

惠基自錢塘渡江棲山陰法華寺學者千人元徽初即龜山寶林寺啟普賢懺法高士周顒劉瓛張融並摳衣問道焉

弘明住雲門寺誦法華經瓶水自滿有童子自天而下供使虎不時入室自臥起嘗有小兒來聽經明爲說法俄不見又有山精來指笑明捉得以帶繫之久不得脫曰放我我不敢復來於是釋之後

住永興紹元寺又住栢林寺

曇翼號飛雲晉義熙中誦法華經於秦望西北禪定三十年感普賢化現內史孟顗異之請于朝置法華寺至梁時有釋惠舉亦隱于此山武帝徵之不至昭明太子統遺翼以金縷木蘭袈裟世以天衣名其寺焉

曇彥晉末時與許詢元度同剏浮圖未成詢亡久之岳陽王至訪彥曰許元度來何暮昔日浮圖今如故王不能自解彥曰未達宿命焉得知之遂握

手入室席地王忽悟前身造塔之事由是益加壯麗詳見祠祀寶林寺

慧虔晉末居廬山慕遠公德業之盛乃之山陰嘉祥寺聚徒誦經謂衆曰願相講道用奉彌陀後五年先時已至乃曰花開見佛卽其時也其夕有尼淨嚴假寐之頃見觀音忽至與百千衆從空而下異香經旬不絕

陳定光大建中居寶林寺耳過其頂擎銀像長立不卧又天竺一僧甚神異死後形數見詳祠祀志

〔唐〕海慧大師仲休精習天台教觀寂頓悟不接人事李文靖公迪以其名上得紫衣海慧之號

〔唐〕澄觀住寶林寺博通諸典撰華嚴義疏二十卷德宗召至京師與剡賓三藏般若譯烏茶國所進華嚴經賜號清涼國師時順宗在東宫又述了義心要各一卷

〔宋〕惟定祝髪于資福院紹興丁卯住景德寺講偈有野猿獻果於前將卒謂其徒曰庭前桂樹花開我將逝矣其徒出視之桂花忽開五色急返入戶定

端坐瞑目矣龕留十四日顏面如生

時習禮大善寺學古爲師年十四肄業於杭諸名僧皆異之延祐中以高麗王薦召至京令說法于南城寺時習頂門忽現異光縈結如蓋事聞上大說錫賚甚厚賜號佛音眞應禪師南還法名遠播近自甌閩兩廣遠自日本高麗航海而至者無虛日

元歐兜祖師元至正間賣蔬傭也幼失父母嫂某氏撫之如子每欲師娶妻以成家業師終日蒲團靜

悟嫂恚之潛至越王崢修道嫂曰豈有人而遂成佛耶勸之歸弗聽乃以筍及魚螺相餉師悉吞之俄頃吐所食筍筍活吐所食魚螺魚螺亦活踰年無病端坐而化時盛暑面色如生且有異香而鬢髮常長後塗以漆至今趺跏端坐如故今崢上有篆刀竹其節上下相錯魚腹焦而無鱗螺無尾無靨即師所吐者也人以爲地藏王後身云

文明海慧族姓婁氏諸暨人母妊時夢神人以白芙蕖授之既誕甫能言見母舉佛號即隨聲和之

及長客居山陰靈壁寺窺內典輒嘆曰春秋世間法耳欲求出世間法非釋氏吾誰依乎大德乙巳投其寺僧思窮祝髮明年受其戒精進益力後一夕聚衆謝曰吾將歸矣遂索筆書偈端坐而逝

明了真　天台人嘗寄跡山陰諸寺或稱羅漢或稱醉仙嗜酒落魄橫拖杖乞錢市中散與貧者冬月惟着單衣或敲冰而浴洪武二年大旱一夕留偈辭衆瞑目而逝須人舉龕燔于五雲門外甘雨遂澍其偈曰平生只是呆說不知今朝弄訣諸人笑我

癡顛依舊清風明月

惟宗不知何許人嘗結亭於戴於山道左毋盛暑烹茶以濟行客洪武十九年秋酷暑鄉人遍謁龍湫祈禱莫應惟宗語人曰旱久不雨田苗盡瘁人將奚告吾生無益於世願焚身禱天以濟兆民即日齋戒聚薪于野遂火其身大雨如澍觀者環堵鄉人感其誠立祠祀之

皇清圓信字雪嶠鄞縣人常遊若耶秦望間嘗見古雲門三字豁然大悟嗣法龍池後駐錫雲門大闡宗

風順治丁亥秋將圓寂寫小詞示徒曰小兒曹生
死路上須逍遥皎月氷霜曉喫杯茶坐脫去了結
跏而逝瘞于寺之右隴順治十七年
詔賜帑金五百兩命修藏塔
僧無量名明鏡蚤年悟道爲湛然師高弟修復古
刹叢林如顯聖寺天花寺戒珠寺石佛寺彌陀寺
阿育王寺大能仁寺凡七處一日携數千金往閩
海販木遇大盜罄劫其資無量閉目不動合掌自
懺盜遽還其原槖護送入閩其接衆修寺費以鉅

萬計皆不募而自致者葢得曹洞眞傳云

明蕭了翁不知何許人或傳家在漢陽嘗舉于鄉莫能詳也自云少遇異人劉邋遢授純陽至訣遂棄家蓬遊崇禎辛巳避寇入越里人陳剛金機馬允璜輩皆延致之事以師禮翁口不言禍福不言臧否不言技術有叩以道要者曰無思無爲至簡至易此大道也再問則默不答性善酒徙啖飲至斗餘不醉一飯肉數觔亦不言飽惟不晩食終歲不眠非安坐卽徐行未嘗見疾言遽色修髯至腹左手指爪長尺餘鬢髮垂垂覆耳和易近人時或掀

髯大笑聲淵淵若出金石順治甲午有楚人王某過翁于廣筵翁睨之曰子尚在耶對曰翁尚在何況某耶退而詢翁不答王語人曰予弱冠時偕翁于黃鶴樓同遊有識翁者云年巳八十今予年七十有九翁貌如故計其壽當一百四十餘矣詢其餘亦不答康熙癸卯襄陽劉執中解紹興司理見翁載與俱歸後入武當面壁不知所終

皇清智淵字三目別號潛叟秀州王氏子弱冠離俗宗教該通契旨於三峯漢和尚嗣法於靈隱具老

人爲臨濟三十三世正宗國初具老人移錫淮揚廣孝虚席越州檀護迎智淵以卓錫焉寺係晉代古刹毁廢已久自具老人拓興禪林初創規模未備智淵一以慈和化物堅忍行道由是道俗皈信捐貲營搆殿堂重新遂推爲江南巨刹後靈隱乏主屢請不赴復因省郡當事遴舉不得已勉應住持閲兩載乃示寂直指堂有辭檀越偈臨行一句囑兒孫三十年來檀護恩身歿靈山無以謝迎龕歸去塔雲門時年七十二也門人迎龕歸窆雲門

有語錄若干卷行世嗣法弟子二十八人證南參公爲上首道行高卓駐錫寺中法席仍盛旁有看經院釋等慈字益凡重爲修復煥然復古且精於戒律丕振宗風會稽邑宰王元臣爲之碑記

海湛字如如湖廣景陵人生即穎異丱歲嬉戲必爲佛事少長讀四子書知聖人意在聞道輒沈思默究悉竟其義萬曆丙辰歲隨父三明居士詣金蓮菴滄溟上人所聽講楞嚴忽日數日汩沒紅塵是迷非覺遂啓父懇出家父忻然許之仍依滄溟

潮法師深究經旨往姑蘇茂林僧處受具足戒已徧歷三槐一雨諸僧講席既而踏海梯航造普陀禮大士歸大智祖塢逐天童訪密雲老人復過越訪曹洞諸師遊蘭亭觀山水秀麗慨然懷右軍風韻遂卓菴於寺之嶺西龍山又入城登清涼山權爲止宿順治癸巳歲卜地於大雲坊之西爲大悲道場焉平昔課儀雖造次不輟喜實踐履弗尚著述至乙未除夕茶話次從容語衆曰吾其終於開歲乎丙申季夏朔復言吾行當在二旬後二十四

日起居無恙翌旦正襟而語曰吾歸矣申時昇蒲團趺坐法孫炤璽致問正當恁麽時事如何海湛云日出衆星收道俗乞示者惟言一心念佛言畢而逝享年五旬有九是年暢月六日塟於會稽之石旗山滎祿大夫無無居士謝弘儀爲之傳

寂定字知止幼聰敏矯然出羣年十六隨父遠遊偶步僧寮聞誦經聲至一切有爲法如夢幻泡影之句遂醒悟因慨然曰四大無常百年瞬息豈可長爲世網所拘繫耶適海湛上人自楚而至寂定

乃攝齊受教爲之祝髮偕入天童參密雲老人又
陟東山參爾密僧深相參印言下知歸更發弘願
遍歷名山崇禎丙子歲至婺州禮傅大士像遂卓
錫於茲構居接衆名聞遠播甲申年返越會三昧
僧設戒於大能仁寺黽勉受戒渡西冷參具德老
人機鋒鏖戰具德爲之流連眷注不忍舍去者既
而又返越晤大鼎師有性命相付之語寂定云朝
聞夕死可矣纘緒之事則未之敢從此扃户静修
不復參訪平日持躬甚嚴處衆惟和弗務虚聲悟

滂自如康熙乙卯秋自言住世非久遂爲龕繪像撑地建塔一一俱經手目工畢而疾作享年六十有二瘞於石旗山海湛墓之左法嗣照璽字文隱歸安人恪奉師訓尤稱文雅其於師明鏡非臺之旨別有領悟云

智銓字內衡別號最勝子籍系烏程張姓產自德門幼通宿命超然有出塵志依本郡飛英寺出家見如來涅槃像卽省世幻决志了明大事初叅會城古德上人聽彌陀疏鈔至一心不亂句有省曰

道在是矣時蓮居新伊法師咸推古佛現身道望
甚隆遂執侍巾瓶垂二十年旦夕之間質疑問奧
盡獲心髓傳以衣鉢并授戒法渡江寓會稽止風
圖圖環四水人跡罕到智銓靜修水觀觀業成後
見身與水性合眞空親證月光景界旣而閉關樊
江廣教寺研究法華三昧常見普賢大士乘白象
王示現其前獲大辨才自後開業所應各剎講筵
迥超時師見解衆咸聲歎普更欲徹底掀翻究窮
原旨於是卜隱偁山資德寺之右偏博稽藏典搜

剔玄微所著唯識述義四明所緣緣及三支比量六離合楞嚴補註玄籤證釋梵網義疏畧記若干卷流布諸方嘉惠後學時有東西塘工浩繁身任勞苦力主其事越二年以告成功輿人誦焉俄開講於興教院院故大金吾朱兆寧園捨爲僧藍兆寧配張氏及女雪照同夢神曰汝庵有應身菩薩說法利生曷往聽受遂啟禮堅懇常住智銓首肯之法席初與聞名麐至幾無所下榻弟子唯圓鳩創殿宇嚴飾聖像越郡推爲教門第一旃檀林總

凡貴人瞻風造門者惟以清茗相對開闡玄旨不及塵俗一字亦未嘗一踵其門敝褐藜羹蕭然若寄後赴武林靈山永福寺講南嶽止觀甫畢示微疾舁至蓮居祖庭三日謂諸法嗣曰三仙迎我將逝矣越二日端然坐化龕歸興教院停數載移偁山建塔焉

成方唯圓興教院智銓法孔也山陰陳氏子幼習儒業有聲稟性端重言笑不苟情淡世味猒畏塵囂時從父肄業於偁山資德寺値智銓養道一見

欽慕遂深歆依智銓見其品行超凡必爲法器錄之座次幾二十年敢夕不離三宗玄旨五時妙典悉爲開闡無不精煉偕智銓開法典教慨捐梵宇及智銓圓寂竭盡孝思事亦如生繼主院事恪守先型杜跡城市斥遠聲利惟精淨業食不甘味衣乏輕軟問道之徒屨滿戶內傾瀝肝腑剖决疑義嚴肅律儀深造禪學抱疾數載年至五旬繼席法嗣雯字雲章與師同志丕振宗風遵命闍維塔祔俑山之隅不忘法乳云爾

淨斂字無迹湛然之裔孫麥浪之法嗣也蚤年極
道深究曹洞與旨後卓錫於顯聖寺院丕振宗傳
高弟智紹字道容年甫九齡出家十九歲大悟梵
修於西龍山雲菴康熙壬子年主彌陀寺法席其
開佛像塵坌殿堂頽圮爲之拮据營作俾金相多
輝棟宇嚴飾結制安禪至甲子歲共十有三載憶
甲寅歲值東南用兵羽書旁午而寺處水陸孔道
兵馬雲屯蝟集乃不以餽餉芻秣爲艱俾之飽騰
累年水旱頻仍災黎接踵卧病必施藥餌憩息而

後安以至救甦萬人保全闔境僧俗景仰宗風大
熾凡有所需皆不募而自致尤爲一時所驚異者

深理字恒鑒諸暨人姓詹年十六往廬山投師焚
脩盡悟宗傳崇禎丁丑年歸越戊寅歲祲辛巳大
饑壬午瘟疫流行尸骸遍地分守寧紹台道鄭瑄
及鄉紳姜逢元金蘭祁彪佳張陛知深理德行高
卓延其董事煮粥賑荒民賴以甦特建擊竹菴留
深理永在越郡掩埋遺骸春冬二季募化舉行其
廣施功德沿及四十餘載享壽七旬有一終於菴

內法嗣智益字圓行諳究三昧恪承師志飭行掩
埋歲以爲常更脩飛來塔金碧璀璨式煥增新邇
近人士俱稱其宗風丕振云

# 山陰縣志卷第三十七

## 人物志十五

### 方技傳

漢謝夔吾字堯卿少爲郡吏學風角占候太守第五倫擢爲督郵使案烏程長夔吾到縣無所驗但望閤伏哭而還白倫曰竊以占候知長當死遊魂假息非刑所加故不收之月餘果有驛馬齎長印綬上言暴卒倫以爲司徒令班固爲文薦夔吾曰推攷星度綜校圖籙徵占天知地與神合契豫尅死

日如期果卒囑其子曰漢末當亂必有發掘露骸之禍使懸棺下葬墓不起墳

韓說字叔儒博通五經尤善圖緯之學舉孝廉數陳災眚光和元年十月說言於靈帝云晦日必食乞百官嚴裝帝從之果如所言中平二年二月又上封事刻期宮中有災至日南宮大火

宋孔靈產泰始中罷晉安太守有隱遁之志於禹井山立館事道精篤頗解星文好術數齊高帝輔政沈攸之起兵靈產白高帝曰攸之兵衆雖強以天

時冥數而觀無能爲也高帝驗其言擢光祿大夫以篚盛靈產上靈臺令其占候賜靈產白羽扇素隱几曰君有古人之風故贈君以古人之物當世榮之

元張德元不知何許人至正間嘗爲諸暨州吏目避亂居山陰有奇術善觀字知吉凶生一子名之曰槐忽謂友人曰是兒必死槐字木傍鬼非死兆耶未幾兒果卒其友病以豐字示之德元曰死矣明日訃至或問其故德元曰豐字山墓所也兩丰

封樹也豆祭器也墓旣成矣尚欲生乎或以命字揖德元使占人病德元曰巳死君持命字以揖垂命之兆也巳而果然徐總制書字問德元德元曰據字今夕公當納寵徐歸其夫人呼一婦人出拜乃乳媼也嘗飲劉彥昭家曰今夕復有客巳而客至問之德元曰吾聞滌器聲故耳 以上占候

漢蔡邕見寓賢傳篆隸絕世尤得八分之精微體法百變窮靈盡妙嘗待詔鴻都門下見役人以堊帚成字感而爲飛白飛白之書自邕始作筆論曰欲

書先散懷抱任情恣性然後書之若迫於事雖中山兎毫不能佳也又云書有二法一曰疾二曰澁得疾澁二法書法盡矣

晉孔侃字敬思歷官至大司農有名江左善行書

孔愉字敬康侃之從弟見鄉賢傳善草書述書賦云思行則輕利峭峻驚虬逸駿康草則古質鬱紆落翮摧枯

謝藻字叔文官至中書舍人述書賦云叔文弦鍾纖薄精練用筆雖巧結字未善似漸陸之遵鴻等

鷇巢之乳燕

丁潭字世康見鄉賢傳述書賦云反古不忘吾推世康似無逸少如禀元常猶落泰階之蓂莢秘府之芸芳

王羲之見寓賢傳七歲善書十二見前代筆説於其父枕中竊讀之母曰爾看用筆法父見其小恐不能曰待爾成人吾授也羲之拜請父喜遂與之不盈月書便大進衛夫人語太常王策曰此兒必見用筆訣近見其書便有老成之智流涕曰此子

必蔽吾名學書久或時冠履皆墨五十三書蘭亭
序五十六書黃庭經書訖空中有語卿書感我而
況人乎吾是天台丈人嘗以章草荅庾亮亮示弟
翼翼時亦以善書名見之乃歎服因與羲之書云
吾昔有伯英章草十紙過江顛狽遂乃亡失常歎
妙迹永絕忽見足下荅家兄書煥若神明頓還舊
觀遊天台還會稽值向夕風月清朗題字洞庭臺
柱其飛字宛若龍爪後人稱爲龍爪書其他題扇
書几換鵞事語在山川物產志每自稱我書比鍾

繇當抗行比張之草猶當鴈行也庾肩吾書品曰探妙測深盡形得勢烟華落紙將動風彩帶字欲飛惟張有道鍾元常王右軍其人也張工夫第一天然次之鍾天然第一工夫次之王工夫不及張天然過之天然不及鍾工夫過之論者稱其筆勢飄若浮雲矯若驚龍梁武帝評曰王右軍字勢雄強如龍躍天門虎臥鳳閣唐文皇贊曰烟霏露結鳳翥龍蟠羲之書多不一體隸行草章草飛白俱入神八分入妙畫亦精絕妻郗氏亦工書有七子

少子獻之最知名元之凝之徽之操之並工草黄
伯思曰逸少書凝之得其韻操之得其體徽之得
其勢渙之得其貌獻之得其源
王獻之見鄉賢傳尤善草隸幼學於父次習於張
芝之後別剏法率爾師心冥合天矩年五六歲時學
書右軍從後潛掣其筆不脫乃歎曰此兒當有大
名遂書樂毅論與之能極小真書行草尤多逸氣
孔琳之見鄉賢傳善書與羊欣齊名時稱羊真孔
草王僧虔曰琳之書天然絕逸極有筆力規矩恐

在羊欣後梁武帝書評謂如散花空中流徽自得書品列中之上妻謝氏亦工書

梁謝善勳初齊末王融圖古今雜體有六十四書湘東又遣沮陽令韋仲定爲九十一種善勳增其九法合成百體其中以八卦書爲第一以大小爲兩法徑丈一字方寸千言

陳僧智永師七世祖逸少於永欣寺樓上積年學書業成方下有秃筆頭十甕每甕皆數石人來覔書者如市戶限爲之穿穴乃用鐵裹之人謂鐵門限

後取筆頭瘞之號退筆塚自製銘誌臨寫真草千文八百本江南諸寺各留一本虞監云一字直五萬王司馬元美云少時任尚書郎曾見一絹本智永千文於山陰董氏妙墨深入膚理滃鬱欲飛真神物也今張子蓋家藏有真草千文是楮紙寫云是王文成家物徐文長鑒定尤爲希世墨寶

僧智果工書銘石甚瘦健煬帝甚善之果嘗謂永師曰和尚得右軍肉智果得骨

宋杜衍見鄉賢傳善書蔡君謨推以草聖晚年益工

鄭子經衍極問宋之名家曰杜祁公之流便

明

陳霍字鳴野前入隱逸傳眞書得晉人位置法頗有韻第太肥乏之鋒穎自云出鍾太傅其徑四五寸以上者固勁秀絕俗草效懷素龍蛇滿紙亦枯硬恨結構未審盡未是當行家稍能以己意勝酣餘對客揮毫亦自翩翩然總之不若其詩

徐渭前詳列傳其懸筆書所臨摹甚多擘窠大字類蘇行草類米其書險勁有腕力得古人運筆意

王泮號積齋萬曆甲戌進士仕至方伯有清操書

宗二王善小楷大幅草書如龍蛇夭矯世皆寶之
劉世學字石屏少精鍾王書法文歿而貧及長至
長安繕寫奏章泰昌登極以殊恩授職不仕禮部
郎中張夬額其廬曰字隱
元尚雨字仲彬善山水雜畫松石師郭熙墨竹瀟灑
可愛
鮑敬字原禮善畫人物亦善花木禽魚嘗爲人畫
牡丹姿態天然畫牛得李迪法
明朱南雍善畫山水木石法出吳沈周亦或效倪瓚

常見其效倪巨幅甚清勁絶俗

沈襄號小霞善墨梅幹隨筆生枯潤咸有天趣襄少卿鍊長子

張爾葆字葆生自爲揚州郡司馬舅氏朱石門多收藏古畫朝夕觀摹甫弱冠即有名畫苑少年以寫生入能品後喜松江一派遂與李長蘅董思白齊名壻陳洪綬自幼及門頗得其畫法

劉雪湖善梅筆意瀟灑極疏影横斜之致有梅譜二十餘篇問世 以上字畫

宋莫起炎號月鼎風神秀朗其術師青城山徐無極及南豐鄒鐵壁傳斬勘雷書於是召役鬼神末聖祐戊午浙東大旱紹興守馬鸞迎致之月鼎登壇瞋目按劒呼雷神役之忽陰霧四塞震雷大雨隨澍事聞穆陵作詩一章賜之元至正乙丑見世祖於内殿世祖曰雷可聞乎月鼎即取袖中核桃擲地雷應聲而發又命請雨雨隨至大見賞異

元馬道助善幻術凡里中犬齧人者道助指之狂猘即死有村夫板築道側凡行者偶妨其業則詈之

道助摘草一莖置其上已而所築連堵皆潰道遇三江戍卒強侮輒遜謝不與較但與之坐石橋上道助乃去戍卒踰時不能起道助行三十里許摘草與樵者曰某橋上有戍卒數人可以此草與之樵夫如言戍卒始能去顧隷道傍多瓜道助暑行求瓜于圃人弗與蔓中忽走一白兎行者爭逐之瓜蔓盡傷後符錄事發覺有司遣人持牒往捕適與捕者遇于途取捕者公牒去而捕者昏然不見道助益得介象蔽形之方云以上符術

漢蔡邕妙操音律桓帝時五侯擅恣聞邕善鼓琴白帝勅陳留太守督促遂避地會稽見柯亭椽竹知其可以爲笛又居吳有燒桐以爨者邕聞火烈之聲謂是良木請裁以爲琴果有美音而尾猶焦傳玄琴賦曰蔡邕焦尾是也所精曲世傳蔡氏五弄

越陳音善射越王勾踐時人葬處名陳音山

唐王叔文德宗時以棊待詔後侍順宗東宮貪祿亂政憲宗立乃貶死

以上雜藝

齊徐熙東海人僑居山陰秦望好黃老術嘗遇一異

人遺一瓢曰君子孫宜以醫術顯聞之乃扁鵲鏡經遂精醫學名震海內後子孫皆以醫名

明

黃武字惟周少穎敏有志康濟尤善古詩文事舉子業不就遂精岐黃術先是越人療傷寒轍用麻黃耗劑武獨曰南人質本弱且風氣漸漓情慾日濫本實已撥而攻其表殺人多矣乃投以參芪輒取奇效自是越之醫咸祖述之一時名醫如陳淮何鑑咸出其門所著有醫學綱目數百卷脉訣若干篇行於世

賈傑字世彥曾大父子明爲元世醫宗傑故以醫承其家性古慤淳篤邑人患劇疾雖百里外必迎候傑至投一二劑輒效嘗設藥餌以週邑之煢獨葬疏遠無歸者數十人嫁外姓之孤者五人郡守戴琥尤重其雅誼加賓禮焉所著有畏齋詩稿名醫抄經驗良方爲世所宗傑子愚登進士官大理評事歷守名郡秉節不阿孝宗朝以貞諒聞司空劉麟嘗爲愚著傳稱愚剛方清介云

張介賓字景岳年十三隨父至京遇名醫金英從

之游遂得精醫道爲人端静好讀書殫心内經分門詮疏幾萬言歷四十載而成名著有類經綜覈百家析義諸書海内多宗之

方技傳終

明王朝煥字文吾少穎異舉動不凡弱冠工舉子業屢試不售益肆力于典墳一日檢藏書得祖素菴公遺編慨然曰天下之誤殺于庸醫者多矣此豈不足以濟世乎遂潛心素問博覽秘方意以醫顯凡所投圭匕無不霍然縣不責報有强求之者即以市藥物爲療人具遠近賴之家有中人產好施不倦尤篤于姻黨間壻太常卿金蘭欲疏薦于朝朝煥笑曰予豈鬻技以博軒冕哉乃止生平雅好南華道德及參同契諸家研究而得其肯綮翛然

曠達以名利爲儻來視生死若遽廬殆古之所謂縣解而自適其適者與配朱氏婦德母儀著于宗戚咸推爲伉儷一心至今稱道弗絶云

金軨字伯乘父大紳蹄弱冠叅世軨甫三齡母視氏毀容絶粒矢以身殉軨抱母頸號泣不已母因忍死爲撫孤計軨稍長習經生業因外舅桂軒公以幼部名越中軨傳其保嬰術以濟世遂别號仰軒終其身不計財利不避寒暑不先富後貧凡求治者即急赴之越俗醫家多出入肩輿軨年八十

猶步行曰吾欲使貧家子稍受此半鏹惠耳遇有
危症貧不能服參者竟自備畜投劑中且終不使
其知人賴以存活者弗啻千萬所入之貲自孝養
外悉以惠諸窮乏之市有鬻妻以償官錢輅偶見惻
然即如數代償令完好如初萊傭沽見持販物無
讐者日走輅門不問良楛輙易錢而去臬司吳霞
城公尤重輅輅曾爲公之子起危疹授以冠帶辭
不受吳公益訝而敬之山陰令佘公瑤圖知輅積
德累仁延請鄉賓輅享年八十有七易簀時見黃

衣童送額至署曰蓬萊元子異香滿室人人相驚詫云祀鄉賢孫蘭承顏悅志值幹病刲左臂和藥以進登天啓乙丑進士歷任太常寺少卿康熙丙辰崇祀鄉賢

馬勲號希周幼業儒事親最孝母章氏久病勲晨夕泣禱精覽方書至忘寢食忽夢天醫授以秘方覺而治母疾良愈遂棄儒而專業焉遠近造請如市一以迎之先後循序赴之風雨寒暑弗避志在活人初不較利有需參而窘不能備者密取所攜

置劑中其决必生若燭照響應未嘗爽也一時翕然稱神醫郡守子婦在蓐病殆延勳診之日是不應必如口噤不受藥何古有熏治法可倣爲之命多取紅花煑沸湯置牀下移時而甦啜以藥遂定且日再孕則不救果如其言藥肆有壯子忽得病不能言動諸醫束手勳視之日此砒毒也投甘艸解毒湯而愈詰其由日晨起未餐有來市砒者發篋覺爲其氣所觸遂至此衆益駭服他神異多類是屆大耋自尅必期果無疾而逝配藥氏能佐勳

理刀圭此姓最罕僉以爲天合云子呈泰以貢元任慶遠府推官曾孫煃甲午舉人任國子監丞元孫維陛己未進士任江西右叅議以孝友清白聞于時後嗣繩繩未艾知神醫之食報正未云

孫燮和字越陽立心敦厚幼習儒穎異過目成誦所作詩文甚富志切救世改業精于岐黃術不論貧富弗計錙銖精審詳審卽爲診療檢閱方書幾廢食寢數十年如一日也崇禎庚辰歲荒加以時疫大作道憲鄭瑄鄉紳金蘭祁彪佳共捐貲設藥

局以燮和名醫而特爲延請乃究力盡心毫不敢忽全活無數鄉里翕然稱焉好給宗親自供母氏饔飧而外盡爲周卹有姊氏就居就食甥及女長俱爲之婚娶擇配自奉儉樸惟以忠厚勗其子孫子宣化孝友文章見推當時講究道學洞悉性理諸書登康熙丙午舉人丁未會魁任曲陽令愷悌存心循良爲政嘗曰朘民膏以自潤工逢迎以取媚吾不爲也清廉之譽至今咸歌祝之襄化及孫其瀚其濬俱敦本力行恪守家訓有聲於黌序焉

皇清施應期字屆遠性淳篤幼卽穎敏志懷利濟專舉子業屢試不售遂精醫術越人患劇疾雖至遠者必迎投劑者輒效且施藥餌以濟煢獨砌道路以便行旅慷慨周急不辭推解當事咸重其醫更高其德莫不爲之賓禮焉著有醫學心傳數十篇行於世年至五旬始舉三子鳳元鳳來鳳翔俱有聲譽婿胡兆驥庠生好學能文恒以博濟爲念而承岐黃之秘授俞仁趾心存壽世尤得醫學眞傳皆名噪八邑云

錢象坰字承懷以醫名於越者也錢氏之醫自南宋以來代有名家至象坰而先世粹精之藴盡彙於身淹通百氏聲播八區集珍秘以遺後昆其人品真可謂間出者子廷選字德承少工舉業尚精治產起宛以億萬計女科之名貫於各省性孝友尤好施與週貧乏之待其舉火日數十人搢紳先生咸加敬焉孫登穀字升瑞存心制行俱歸仁厚所搆詩文甚富海內共推其著述并以醫名世曾孫琦字孟琢璠字載呂上接家學淵源之統故同春

之譽並噪於時而世之習岐黃術者皆莫能及焉

葉仕道字見明授守備爲人長厚有餘鄉閭賢之子葩字正叔少補弟子員博通靈素金匱諸籍尤精治療著有傷寒數編輯註一書條分節解晰疑辨正俾長沙心法昭揭千古而高平聯攝不得擅美於前也子瑞芳字景木國學生能世其德兼通醫學云

倪宗賢字涵初世居柯亭後里許性孝友以醫名著嘗歎曰醫有經世之術而學在其中素書內經

參諸天德王道遂會講柯亭接證人之傳聞關中李中孚講學毗陵徒步往侍函丈執弟子禮宗賢名聞遠邇乞醫者舟行不絕以所饋金助脩百里塘螺山橋行路歌焉室無宿儲破衣敝屋終其身四十餘年山陰邑侯高公登先聞而禮之尊爲上客及卒門人私謚孝學先生

周大倫字禹臺精岐黃術遠近賴之任京衛經歷擢武昌府同知苞苴絕迹唯以仁愛及民故慈祥愷悌之譽溢于三楚子士昌字宏禹庠生因援貢

授東昌府通判甫下車即革陋弊清廉載道其行事悉如大倫所爲世謂治譜相傳父子有其同志焉孫弘謙字六吉亦以醫名世生平孝友惇睦父疾刲股療之遇昆季輒怡顏順受絶無間言凡有善事知無不爲而俱本於中誠鄉黨賢之三代行善越俗所僅見者也

周承新字子行幼工儒業穎異過人素性慷慨不以生產爲念遇有善事悉解囊相贈以故人服其義行焉矢力鉛槧屢試不售慨而喟然曰徒事操

觚鬱鬱窮簷無益於已不若廣行利濟救人澤物
見效於時稍展平生之志可乎遂專習岐黃凡嬰
兒之痧痘遇有危急諸症承新療治無不獲痊至
貧乏之家勿計錙銖名噪越中遠近延請雲集如
市子琦字奇玉孝友持躬恪遵父志識者謂承新
積善必致昌大其後嗣云

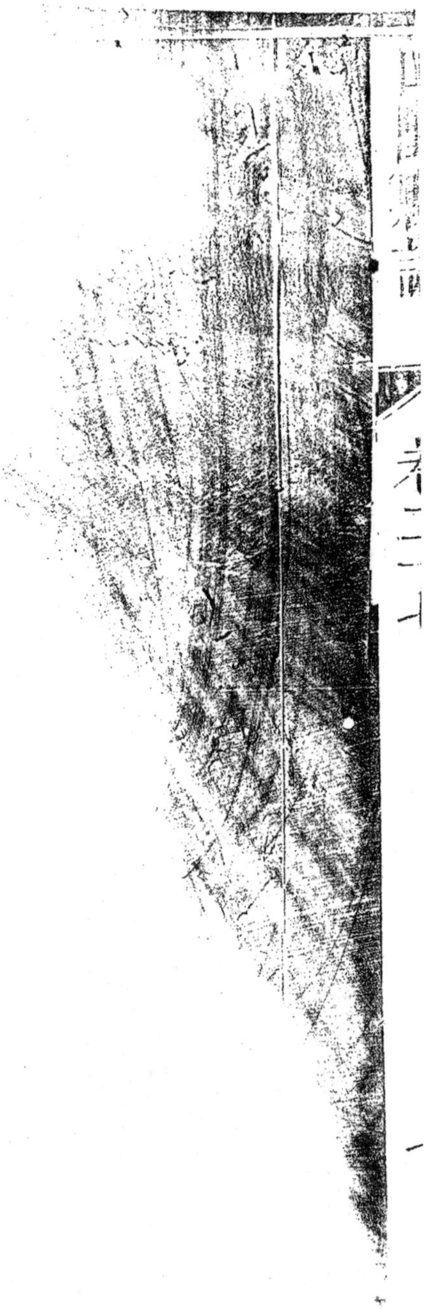

# 山陰縣志卷第三十八

## 序志

### 重脩紹興府并八邑志檄

習尚殊風太史勤輶軒之採山川異勢職方辨物土之宜故郡有誌而邑有書紀載燦如指掌凡節可嘉而善可錄古今較若列眉葢欲臨民者考鏡其澆淳調寬濟猛無難整區而範俗抑令在下者勸懲夫淑慝出作入休庶幾茂遵路以格心誠政治之大閑洵風化之首務也越爲浙省名區東南都

會山川秀麗後先蔚興八邑之節義勳名數傳之
文章風雅蓋從嘉泰四百餘年而後重訂固有傳
書然自孫張兩大君子以來遠湮不無闕載況乎
本朝鴻文丕著景運方新損益之善多端因革之政
不一本府濫竽兹土吏治無才振鐸斯邦經術鮮
效析衷文獻願借掌故之前車披覽輿圖半屬荒
蕪之斷簡續鳧截鶴致損全書亥豕魯魚尤爭原
鉠令復因循不舉以待後人恐後人仍待後人終
爲抱殘守缺前既荏苒失時以至今日必今日無

今日乃見踵事增華爲此布告
薦紳先生遍諭通庠多士遜稽已往悉訪今茲如
事蹟孔嘉行誼卓絕以及泉石佳勝山水靈奇或
前此未經闡揚亟需蒐討或今日須登記載更假
研求據實開呈以憑採納共勷盛事勿負虛懷蓋
非徒炫奇博雅之林聊爲巡方問俗之助云爾

會稽太守張三異檄

修誌申約

邑之有誌上以敷揚

聖化下以縷析輿圖方今四海昇平
皇威遐暢國不異政家不異俗矣而鄉有鄉風方有
有方言里有里域土有土宜十里之外聲音不同
百年之內趨向不一志之所繇昉也班扶風以分
野應列宿馬伏波以聚米識山川其遺制猶可考
焉本府蒞越三載每思博稽掌故如古藩宣牧伯
之所爲一覩禹服之舊而職掌所寄則刑名是問
錢穀是司屬員賢否是覈水旱災荒是憂王事鞅
掌不遑啓處雖圖繪在胸而目力未逮恐成錄十

而間遺其一或採瑜而並存其瑕字非金玉文不
雅馴德音未昭漢宣所以思良二千石也若夫聽
臚言于市詢鄉老于庭山之高者下者俗之貞者
淫者川原之汙者潦者田賦之腴者瘠者版圖戶
齒之頑者良者傳聞記載之醇者疵者宜芟除者
芟除之宜更改者更改之宜避諱者避諱之此賢
有司之責也
令甲森嚴敢弗祇畏本府不任編輯之勞亦安能受
掊摘之咎昔司馬長卿以諭巴蜀而父老傳太守

之意會本府不能以諭于越哉顧各有司臨文而
嚴汰之毋忽
康熙十年歲次辛亥二月穀旦會稽太守張三異
謹約

重脩山陰縣志紀畧

康熙六年鍾祥高公諱登先字倩升由巳亥進士
奉
簡來涖山陰越三年逢
郡侯漢張公增修郡志檄所屬各以邑志進而山

陰志自明隆慶戊辰年迄今無續修者遂亟集諸
生擇地開館核舊志源流從而加葺之爲之廣搜
博採訂訛存信旣繕草聞質之鄉先生屬文定例
期必歸于雅馴即隣封薦紳不辭就正適慈邑
王德邁先生過越先生諱嗣皐順治戊子己丑以解元聯捷并祈於人
物再爲删定克有成書行將上之
郡侯大人採錄大綱以入郡志而
院　司　道各憲亦得以賜覽焉　昔
康熙十年辛亥冬十一月正貢生沈麟趾

廩生單國驥仝記

## 山陰縣舊志紀畧

明紹興府志內孫鑛月峯氏記曰山陰志向有修者未成嘉靖十七年嶺東許公東望以進士觀政于秋官謁我山陰徐北部千巖萬壑之奇因索其志徐君曰無有也假得君爲吾邑令願留意焉弗旬月許公果拜山陰知縣踰三年乃輯邑志時張太僕天復及柳都昌文方有名于諸生間時與羅生椿齋名號越中三雋許公即以志屬之而聘耆

倫傳君易參校焉書十二卷文典校有法張公谷
嘉靖二十六年進士官至雲南副使致仕家居值
楊公家相續脩縣志公再執筆增入近事甚多獨
列傳循故俟論定也時傳巳久沒柳以明經方仕
于外公專其事然今刻本猶稱天復柳文纂傳易
校公以二公昔年嘗同事心力具在不欲磨滅之
也　旹
萬曆丙戌年○月記

脩山陰縣志舊序

明嘉靖癸卯秋知山陰縣事東郡許東望序曰余初釋褐試秋官政時有山陰徐子□爲秋官郎相與甚善嘗論及山陰名勝如右軍蘭亭諸述作今猶可想見不知所爲千巖競秀萬壑爭流者更當何如是其山川效靈人材魁楚理固然爾因求閱其志徐子曰吾邑闕志久矣粵自宋人作會稽郡志猶得覩其畧元以來簡帙散帙無所稽考間有藏之野史率多殘訛罔有修之者或脩之亦罔克有成竟弗逹其故維時山陰令王之貞乃戲余曰

僕得君爲吾邑令願以是屬子始以爲成一空
也弗旬月遇拜乃官徐子聞之卽躍然稱賀曰夙
昔之言今若符契適然之會其眞有待之者乎嗣
爲余參大其事徧索諸在秩官名公詩賦若干首
且自爲敘以贈余行曰吾邑之志今其蕪穢矣旣
入厥邑則見吏事倥傯簿書鞅掌未遑也歷今幾
三載頗政通訟簡日有隙暇試諸庠士得張子天
復柳子文謂之曰山陰文獻地也何獨久無志無
志則于文獻奚攷焉二子曰志非病于採輯之艱

也開諸經理者慮其費操筆者避其謗耳余曰不然夫志者記也匪直記其事已也彰顯幽隱暴揚休善以示近垂遠勸懲之典寓焉史稱司馬遷記事不虛美不隱惡而劉向楊雄氏服其叙事謂之實錄今之爲志者多有意見失眞私情附會以異同爲好惡以違合爲是非衆之群咻淆亂猶結盧道左如之何其克有成今能虛心無我同受咨諏考古究其原酌今求其當參之義理協之輿論如所謂實錄者則公已公人欲輿謗不可得已夫

費之足慮耶二三子不以余言爲非相與定規模
裁體制搜諸遺錄采其名實遠極炎劉之朝近遵
當代之典編類草創罔敢擅私適値大巡雲川舒
公按越釐整頽風振刷遐弊移檄郡屬諭以修志
爲治首務宜亟就編纂用昭永鑒余捧檄遂既乃
心愼乃事弗避疑嫌期底于成計輯十有二卷焉
爲之作圖十志二表十傳諸條畧備復召邑之耆
儒傳子易訂正焉玆志也闕之于千百年而輯成
之于一旦二三子之勞實多矣捐俸鋟梓庸識脩志

之意

明隆慶戊辰春知山陰縣事方湖楊家相敘曰郡邑州郡之有誌所以佐國史也而其制實昉于禹貢職方閒嘗讀二家之言不能無惑焉夫其紀揚州也限淮海鎮會稽明輪域也瀦蠡尊江以及具區五湖滌源陂澤奠川也下下其田則壤也錯其賦貢以及島彝篚包錫貢之物慎財賦也斯王政之鉅者載而列之宜其詳乃若男女生齒之數穀畜鳥獸蕃息之宜下逮篠蕩羽毛之徵金錫竹箭

之利雖細必書何也至杜氏撰通典衍之寢廣則豈無故而王覇治頴川稱循吏爲最乃其微聆如某所大木某亭楮子舉無不知豈其志好察抑頴川地約治固宜爾耶何猥瑣不憚煩也或曰史志載言紀事即有家之籍也是故經其家政大而田廬小而米鹽租甌絲縷麻枲無一不書而後主之者有所據而攷證以爲發斂之度雖其鞅掌倉怳而無所亂經世阜民亦若是焉故其籍必詳于史志邑志者一方之史也縣令者百里之命也以之

佐王而殿拜軒俗無一物非王產也無一民非王臣也無一事非王事也而所以給供輸成上下出政令示觀戒於是乎繫苟肆焉寡謀遺文獻不事則何異于司家之出納負主者之托而失其籍俾農桑畜牧漫無証焉可乎籍具矣舉大而畧其微逞華而忘其實與歲更月易繇作賦入盈縮劑量罔知規前而利後也又可乎嗚呼旨哉乎其言也足以喻志矣山陰隸郡首先八邑環山辰海其地瀉滷沮洳尤揚之下下齒繁而產薄征斂不給民

實病焉丙寅之冬余初被命爲令蚤夜孜孜稽其利弊龐雜之大圖酌而劑之爰諮掌故得邑志葢前令近山許公所修刻而前湖南督學張公天復與其友文學柳公文章縫時所詮次焉者也歷宋元迄于今遺闕不修者上下千百年當其纂而無據也僅掇拾于遺史載籍之文與三老閭胥之言是故畧古而詳今至其載邦土之計若湖陂溪浸之源堰閘瀦洩之利戶口繇稅所供所需之實與風土習尙之致尤切于裨民者殆可指數而鏡照

也嘻斯非禹貢職方之所用情而領川所繇茂其績者典可以觀可以典矣顧閱歲久典置棼錯如前令豐里何公之履畝均稅益泉陳公之省煩蠲溢巡臺麗公之均里平徭與余近所規復山額設條徵緩租庸數事不可無紀而官師科貢闕不書者亦垂三十年皆所須藉事之鉅者旋將增葺而以覲行不果無何庋閣不戒梓刻悉燼洎還亟圖復之而詘于公力于是取余數年所節縮于口體芻騎之奉者以付剞劂屬張公内山却埽山中乃

既書而乞之曰此公所嘗載筆者曷爲桑梓圖其
竟屏公不辭遂就編凡關國體民隱類前志者悉
增入之而列傳獨循乎故遵凡例俟論定也夫王
覇循良不特其瑣務必知也而戸口日增孝子弟
弟順孫貞婦日益加衆余之爲山陰也三年矣于
民微瑣罔敢凋畧乃名宦寓賢與鄉大夫士徽猷
芳躅民間孝弟貞惠之行耳目睹記不可殫數也
顧獨斬焉待無軼軼于覇耶葢慎之所以重之也
其將有望乎後之君子夫大夫

附記

山陰人趙曄撰吳越春秋其文氣稍弱語多俳又譙以讖緯怪誕之說不及越絕遠甚曄傳在儒林中觀所作乃不類漢文何也然曄書最先出東都時去古未甚遠所紀事爲詳取節焉可也

郡通判施宿作會稽志二十卷山陰人陸游參訂且爲之序今人竟謂之放翁志其文辯博可喜筆力暢健有蘇氏父子風非此老宜不若此

山陰人王綖撰紹興名宦七十三人鄉賢八十八

贊附刻舊志

山陰人耆儒王埜輯晉唐以來名人作爲越詠韓公天復復增輯十之三四而刻行之板藏修撰元忭家共十二卷

山陰人吳驥撰紹興先達傳凡志乘傳記率有體裁李東陽稱爲文章宗匠

山陰人陸夢斗撰紹興紀畧其書用韻語分門紀事微似賦而文稍近俚其自敘亦稱附于王龜齡之三賦自爲註志詳傳中風俗一章纖悉備矣治

茲土者宜書一通置之坐隅

# 山陰縣志跋

聞之學與政相通寔踵一脉苟日事編摩自問廣稽域中之大與于萬禩之遠況區區一州一邑在百年之內有不熟其典故諳其風土者乎重夙慕山陰名勝幸得秉鐸斯邦亦既遍覽謠俗且時與父老子弟相晉接數載間幾謂游觀而蒐採者居其强半孰知全書未讀聞見終疎正如隙間[illegible][illegible]管中窺豹其能周知而通曉者

幾何適辛亥之歲
大令高君有增修邑志之役其奉
侯之檄也甚速竣事也甚蚤撰書也又甚核且
工至各邑繕草皆視之爲楷模余于是而信
高君之知人能得士也留心著作而上繼往昔
下垂來茲也邑志首任其勞者爲文學沈子沈
子識通學練夙擅良史才然素落落于長吏之
庭而

高君乃推心而委而畢子之才又適能副之遂相與訪求纂輯而朱子馬子爰爲之多方讐校未及朞月而網羅周審揚扢精當此書出而高君之治業眞可以傳之不朽矣即數子之令名亦較之前志張鄒二公而爭烈矣余曰手一編而諷之論之令而後知學果與政相通而吏治之洵爲易易也使有問余以體國經野之畧者請執斯以往即龔黃卓魯當不得嫓美于前